D0678303

NEYMAR: SU ASOMBROSA HISTORIA

Michael Part

Neymar: su asombrosa historia

Traducción de Carlos Milla e Isabel Ferrer

PUCK

Argentina – Chile – Colombia – España
Estados Unidos – México – Perú – Uruguay – Venezuela

Título original: *Neymar The Wizard*
Editor original: Sole Books, Beverly Hills, California
Traducción: Carlos Milla e Isabel Ferrer

1.ª edición Enero 2017

Un agradecimiento especial a Yonatan Ginsberg por su contribución a este libro. Su amor y profundo conocimiento del bello deporte del fútbol han sido inestimables. Gracias también a Yaron y Guy Ginsberg.
MICHAEL PART

Aribau, 142, pral. – 08036 Barcelona
www.mundopuck.com

ISBN: 978-84-96886-56-8
E-ISBN: 978-84-9944-989-0
Depósito legal: B-9.845-2016

Fotocomposición: Ediciones Urano, S.A.U.

Impreso por: Rodesa, S.A. – Polígono Industrial San Miguel
Parcelas E7-E8 – 31132 Villatuerta (Navarra)

Impreso en España – *Printed in Spain*

Para Dave y Heather Van Loan

CRÉDITOS DE LAS FOTOGRAFÍAS

Página 1. Neymar coge en brazos a un niño que entró en el campo en el encuentro amistoso disputado por Brasil y Sudáfrica el 5 de marzo de 2014 (Reuters/Siphiwe Sibeko).

Página 2 (arriba). Neymar ejecuta un saque de esquina. Partido Brasil/México de la Copa del Mundo de la FIFA en Brasil, 17 de junio de 2014 (Reuters/Marcelo del Pozo).

Página 2 (abajo). Neymar durante una conferencia de prensa en la Copa del Mundo 2014. 2 de julio de 2014 (Reuters/Marcelo Regua).

Página 3. Neymar celebra un gol que anotó en el encuentro Barcelona FC/Celtic de Glasgow en un partido de la Champions League (Liga de Campeones) disputado el 11 de diciembre de 2013 (Reuters/Gustau Nacarino).

Página 4. Neymar cabecea por encima de Rafael Márquez en el encuentro Brasil/México de la Copa del Mundo de la FIFA en Brasil, 17 de junio de 2014 (Reuters/Marcelo del Pozo).

Página 5 (arriba). Leo Messi celebra con Neymar un gol que acaba de anotar en el Camp Nou de Barcelona el 18 de agosto de 2014 (Reuters/Gustau Nacarino).

Página 5 (abajo). Scolari, el entrenador de Brasil, se abraza con Neymar en el encuentro inaugural contra Croacia de la Copa del Mundo 2014. 14 de junio de 2014 (Reuters/Ivan Alvarado).

Página 6. Neymar dribla a un contrario en el encuentro Brasil/México de la Copa del Mundo de la FIFA en Brasil. 17 de junio de 2014 (Reuters/Marcelo del Pozo).

Página 7. Neymar controla el balón perseguido por Allan Nyom en el encuentro Brasil/Camerún de la Copa del Mundo 2014. 23 de junio de 2014 (Reuters/David Gray).

Página 8. Neymar celebra tras anotar un gol contra Panamá durante un encuentro amistoso disputado en el estadio Serra Dourada de Goiana, Brasil. Martes, 3 de junio de 2014. (AP Photo/Andre Penner)

Índice

1

La sonrisa

El coche de Neymar da Silva Santos Sénior llegó a lo alto de la montaña y enfiló cuesta abajo. Su mujer, Nadine, ocupaba el asiento del acompañante y su hijo, Neymar da Silva Santos, todavía un bebé, iba en un capazo sujeto al asiento trasero. Cuando Neymar Júnior nació, pasaron a llamar *Pai* al padre y *Juninho* al hijo. En portugués *Pai* quiere decir «padre», y *Juninho,* «hijo». Habían emprendido viaje desde su casa en Mogi das Cruzes, localidad situada al este de São Paulo, para ir a ver a los padres de Pai, que vivían en la costa.

A Pai le gustaba la lluvia. Supuso que no tardarían mucho en llegar, porque la tormenta disuadiría a la gente de salir de casa. Sus padres vivían en São Vicente, en una casa que él les había comprado con el dinero ganado como futbolista profesional. También se había comprado un coche para él. *Ese* coche.

Iba pensando en el partido que acababa de jugar. Había anotado un tanto para su equipo, el Uniao Mogi. Nadine y Juninho lo habían visto jugar desde las gradas. Después del encuentro, un niño del barrio, conocido suyo, corrió hacia él con un balón, le pidió un autógrafo y le dijo que, en su opinión, era el mejor futbolista del mundo. Pai se conmovió. Dijo al niño que tenía la esperanza de que su hijo Juninho heredara su destreza en el campo.

Mientras descendían por la carretera, cada vez a mayor velocidad, Pai vio que un coche venía de frente por su mismo carril y se le aceleró el pulso. Hizo señales con las luces largas, pero llovía de tal modo que el otro conductor no las vio hasta que ya era demasiado tarde. Pai dio un volantazo hacia el arcén de la carretera a la vez que pisaba a fondo el acelerador con la esperanza de esquivar al otro coche, pero como llevaba puesta una marcha corta, no lo logró.

El otro coche los embistió de costado, contra el lado del conductor, comprimiéndole a Pai las piernas en una posición forzada. Pai dejó escapar un alarido de dolor. Nadine chilló. Inmovilizado en el asiento, Pai intentó en vano controlar el coche mientras derrapaba y, dando trompos, iba a detenerse junto a un escarpado precipicio, quedando casi suspendido en el borde. La lluvia entraba a raudales por el parabrisas roto y le mojaba la cara. Intentó moverse, pero un dolor espantoso le recorrió todo el cuerpo. Lo primero que acudió a su cabeza fue su hijo, que estaba en el capazo sujeto al asiento trasero.

—Juninho —susurró, casi incapaz de hablar.

Pai no se sentía las piernas. ¡Juninho! ¿Dónde se hallaban? Miró hacia Nadine, que permanecía sujeta al asiento gracias al cinturón de seguridad, y la vio despertar con un parpadeo. Movió un poco la cabeza y cayó en la cuenta de dónde estaban. Nadine gimió.

—¡Nadine! —gritó para despertarla del todo. No oía a su hijo. Oía sólo la lluvia.

Nadine gimió y abrió los ojos. En un gesto instintivo, trató de volverse para ver cómo estaba su hijo, pero no pudo.

—Juninho —murmuró semiinconsciente. Su hijo tenía que estar allí, pero no estaba. Presa del pánico, intentó otra vez volverse, pero el dolor se lo impidió. Ahogó una exclamación al verse los brazos cubiertos de magulladuras. Había esquirlas de cristal por todas partes.

Juninho había desaparecido.

Pai sintió que se le saltaban las lágrimas. Musitó una plegaria rogando a Dios que se lo llevara a él, y no a su hijo.

—Me muero —susurró con los dientes apretados. Creía que aquello era el final. Nadine no contestó.

Nadine entraba y salía del estado de inconsciencia.

—Juninho —repitió. El dolor era atroz.

Al comprender que su marido no podía moverse, empujó débilmente la puerta con el hombro. No cedió: el marco se había deformado y la puerta estaba atascada. Consiguió mirar por la ventanilla hecha añicos. El coche, al borde del precipicio, colgaba sobre un profundo cañón. Lanzó un grito.

—Por detrás —indicó Pai con un hilo de voz.

El coche chirrió y se balanceó. Pai sintió que el dolor se le propagaba por las dos piernas. Temía que, si se movía demasiado, el coche rodara y perdiera el precario equilibrio en que se hallaba, precipitándose al vacío.

—Por la ventana de atrás —consiguió decir.

Nadine descubrió que podía moverse un poco en el comprimido espacio en el que estaba atrapada. Asintió y, tras liberar las piernas, pudo por fin ver bien el asiento trasero. El capazo de Juninho había caído al suelo, pero no vio dentro a su hijo. Las lágrimas le bañaban las mejillas. La luna trasera había desaparecido por completo. Recorrió la carretera con la mirada, pensando lo impensable: su hijo estaba allí, en algún lugar, en medio de la calzada.

—¿Hay algún herido? —preguntó una voz desconocida, al parecer desde muy cerca.

Pai miró a Nadine. ¿Quién había hablado? Al volverse, vio a un hombre mirar por la ventanilla próxima a Nadine.

—¿Puede moverse? —preguntó el hombre.

—No —consiguió contestar Pai.

El hombre corrió hacia la parte trasera del coche, evaluó la situación desde el lado del precipicio y volvió a centrar la atención en Nadine.

—Deprisa. Venga hacia aquí —dijo con una seña—. Tengo que sacarla de ahí.

Nadine asintió y, tras pasar a la parte de atrás por encima del respaldo del asiento delantero, salió por la ventana trasera.

El coche volvió a chirriar y un poco de tierra se desprendió del borde y cayó hacia el fondo del cañón. Unas cuantas piedras se precipitaron hacia el trazo verde del río, mucho más abajo.

El hombre la ayudó a salir para ponerla a salvo y la llevó a toda prisa al otro lado de la carretera, donde la dejó sentada en el terraplén. Acto seguido, volvió al coche a todo correr en busca de Pai.

—No se mueva —dijo el hombre—. Mi mujer se ha ido en el coche a buscar una ambulancia.

—Mi hijo —consiguió susurrar Pai.

El hombre abrió mucho los ojos.

—¿Hay un niño ahí dentro?

Echó una ojeada al asiento trasero. El capazo estaba volcado y cubierto de cristales rotos. Corrió hacia el lado del acompañante y dio un enérgico tirón a la puerta. No cedió. Agarró firmemente la manija y, afianzando bien los pies en el suelo, tiró con todas sus fuerzas. La puerta se abrió con un sonoro chirrido. El hombre se abalanzó hacia el asiento trasero y revolvió entre los cristales rotos y las mantas allí tiradas buscando al niño. Respiró hondo. Y cuando retiró las manos de debajo del asiento trasero, tenía en ellas a Juninho, con el rostro manchado de sangre.

—¡Lo he encontrado! ¡Y está vivo!

Pai sintió que se le relajaban todos los músculos del cuerpo.

El hombre, con su propia camisa, limpió a Juninho la sangre de la cara y vio un pequeño corte en la frente, justo encima de la ceja. Parecía una coma invertida. Presionó la herida con la tela y al cabo de un momento dejó de sangrar.

—Llévelo con su madre —pidió Pai con la respiración entrecortada—. Por favor.

El hombre miró al niño que sostenía en brazos, y Juninho le sonrió. Él le devolvió la sonrisa y se apresuró a llevárselo a Nadine.

Cuando Nadine vio a su hijo, se puso en pie de un salto con una mueca de dolor. Pero no por eso dejó de tender las manos y coger a su hijo de los brazos de aquel hombre.

—Dios lo bendiga, Dios lo bendiga —repetía una y otra vez, sollozando, y estrechó a su hijo contra su pecho.

—A esta criatura sí la ha bendecido Dios, eso sin duda —afirmó el hombre—. Por cierto, tiene su misma sonrisa.

Nadine enmudeció de la emoción y sonrió, otra vez con lágrimas en los ojos.

—Gracias —dijo.

Paró de llover, y oyeron a lo lejos la sirena de una ambulancia que se acercaba. Nadine cerró los ojos en un esfuerzo para contener el dolor.

—Me quedaré con usted hasta que llegue la ambulancia —se ofreció el salvador, y se sentó a su lado.

Pai oyó dos cosas: primero, la voz débil de su mujer, que hablaba con el hombre al otro lado de la carretera; luego la sirena de la ambulancia. Cerró los ojos. «Todo acabará bien», pensó.

2

De mago a mago

El fútbol brasileño no es sólo un deporte; es una forma de vida, una pasión, un amor incesante por la vida, la hermosa danza de toda una nación, una nación a la que le gusta regocijarse y expresarse al ritmo de la samba y el fútbol.

La selección brasileña de fútbol, la *Seleção*, es el combinado nacional que más veces ha conquistado la Copa del Mundo de la FIFA a lo largo de la historia del torneo. La ha ganado en cinco ocasiones: en 1958, 1962, 1970, 1994 y 2002. También es la que más veces se ha alzado con la Copa FIFA Confederaciones, cuatro en total. Cada década, Brasil da a conocer al mundo a sus mejores jugadores, y éstos, por su parte, llevan el toque y el genio brasileños a los mejores clubes del mundo. Pelé, el orgullo de Brasil, es considerado el mejor futbolista de la historia. Además, estrellas brasileñas como Garrincha, Zico, Tostão, Romário, Ronaldo y otros muchos han dejado su huella eterna en el mundo del fútbol.

La música y el gusto por este deporte corren por los ríos de Brasil y por las venas de su población. En Brasil, el fútbol no se reduce a una cuestión de eficacia y táctica; también intervienen la alegría y la belleza. En Brasil, el fútbol, además de ser una forma de vida, es un arte.

Para Pai, como para muchos brasileños, jugar era como respirar. Anhelaba volver al terreno de juego, pero sus lesiones se lo impidieron durante más de un año. De hecho, su hijo, Juninho, que nació el 5 de febrero de 1992, empezó a caminar antes que él.

Pocos meses después del accidente, sin trabajo y sin dinero, Pai trasladó a su familia a la casa de sus padres en Nautica 3, un barrio de clase media baja de São Vicente: la casa a la que se dirigían en el momento de la colisión. Su padre, Ilzemar, era mecánico, y acogió a Pai en el taller para que trabajara con él hasta que se recuperara. Jugar al fútbol quedaba descartado, y Pai sabía que debía renunciar a la pasión de su vida por un tiempo. Ahora lo más importante era ganarse la vida y mantener a su mujer y a su hijo.

Los vecinos los ayudaron en la mudanza. Pai dirigió la operación sentado en su silla, en medio del salón, que era la habitación más amplia de la casa y la que ellos ocuparían. Los vecinos colocaron los muebles siguiendo sus instrucciones.

—La cama va contra la pared. Luego hay que poner la cómoda a los pies y el armario a un lado, dejando una especie de pasillo entre la cama y los otros dos muebles —indicó a los vecinos—. Lamento no poder echar una mano —se disculpó desde su silla en el centro de la habitación—. Pero aún no puedo caminar.

Uno de los vecinos lo interrumpió.

—Se preocupa usted demasiado, señor Neymar —comentó—. El señor Izelmar ya me lo ha contado todo. Sé que usted compró esta casa con el dinero que ganó en el fútbol.

—Para eso está la familia —dijo Pai mientras observaba a sus amables vecinos colocar los muebles en la habitación.

—Y para eso estamos los vecinos —repuso el hombre.

No tardaron mucho en acabar, y Pai ya estaba jugando con su hijo de un año.

—¡Ven con papá, Juninho! —dijo Pai a la vez que le tendía un balón de fútbol.

Juninho entró gateando en la habitación y se detuvo. Larguirucho y delgado, tenía una oscura mata de pelo, tez morena y ojos de color avellana de mirada penetrante. Apenas se le veía la pequeña cicatriz en forma de coma sobre la ceja, vestigio del fragmento de cristal que se le había clavado en el accidente. Nada más ver el balón, gateó rápidamente hacia él. Ya ante su padre, se irguió y, alargando los brazos, emitió un sonido que no requería traducción: ¡dame el balón! Se rió cuando su padre hizo amago de dárselo y lo retiró.

Al final Pai entregó el balón a su hijo. Cuando miró a Juninho, se acordó de que su padre, Ilzemar, al principio no veía con buenos ojos que él quisiera ganarse la vida en el fútbol profesional. Su padre siempre decía: «Primero búscate un trabajo de verdad. Ya jugarás al fútbol después». Pai, en cambio, tenía otros planes para Neymar Júnior. Animaría a Neymar a jugar. ¿Quién sabía? Tal vez lograra lo que su padre no había conseguido. Era un sueño que valía la pena perseguir, pensaba Pai, y se prometió a sí mismo intentarlo por todos los medios.

Un día, pasados un par de meses, Juninho se puso en pie, se acercó tambaleante a su padre, sentado éste en su silla y cogió el balón de sus manos con una gran sonrisa. De pronto se cayó de culo y el balón se le escapó de las manos. Todos se echaron a reír, incluidos los abuelos, que observaban con Nadine desde el porche.

Pero cuando Pai intentó levantarse de la silla para ayudar a su hijo, Nadine lo detuvo con un gesto.

—Ah, no, tú no te muevas.

Se acercó, levantó a Juninho del suelo y le sacudió la ropa.

Juninho enseguida volvió a coger el balón.

Pai sonrió a su mujer y, al sentarse, gimió de dolor, aún convaleciente de la lesión de cadera.

—¿Cómo voy a volver al terreno de juego si ni siquiera puedo ponerme de pie?

—Ya no volverás —declaró Nadine con su habitual franqueza, y entró en la casa con Ilzemar y la abuela.

—Eso te crees tú —repuso él cuando ya no lo oían.

Nuevamente intentó levantarse y mantener el equilibrio. Logró permanecer en pie por primera vez desde hacía varias horas. Orgulloso de sí mismo, dio un paso vacilante y bajó la mirada.

Juninho, de pie ante él, lo miraba. Cuando vio que su padre avanzaba un paso, sonrió y batió palmas, soltando el balón otra vez.

Pai se rió. Al reírse, le dolió, pero no le importó. Tendió una mano hacia atrás, cogió la silla, se la acercó y se sentó. Lanzó una mirada fugaz a su alrededor para asegurarse de que no lo habían visto ni Nadine ni sus padres. Alargó los brazos hacia su hijo, y Juninho se acercó y se encaramó a su regazo.

—Si yo no puedo jugar al balón —dijo Pai estrechando con fuerza contra su pecho a su hijo de un año—, te enseñaré a jugar a ti.

Pasaron varios meses, y mientras Pai se recuperaba lentamente de sus lesiones, su hijo seguía creciendo y los dos conseguían mantenerse de pie cada vez con mayor estabilidad. Un día Pai, apoyado en un bastón, lanzó el balón a su hijo por el suelo desde un extremo de la pequeña sala de estar. Juninho lo paró expertamente con el pie.

—¡Bien! —lo jaleó Pai.

Juninho le sonrió y se le iluminaron los ojos. Le devolvió el balón a su padre con un pase certero. Su padre lo recibió.

Sintió una ligera punzada en la cadera, pero cada día le dolía un poco menos. Apartó el pie del balón y lo devolvió golpeándolo con el bastón. Juninho aplaudió.

—¡Mío! —exclamó Juninho, y tendió la mano hacia el bastón de su padre. Él también quería probarlo.

Pai se echó a reír y movió la cabeza en un gesto de negación.

—¡No, no, no, no! ¡Nada de manos! Yo no puedo usar los pies todavía, por eso uso el bastón. ¿Crees que lo uso por gusto? —preguntó, blandiendo el bastón hacia el pequeño.

Juninho se limitó a reírse.

Otro día, Juninho jugaba frente a la puerta trasera y su balón preferido se le fue hacia el interior de la casa. Rodó hasta la cocina, y corrió tras él para cogerlo antes de que lo alcanzara su madre.

—¡Como vuelva a ver el balón aquí dentro, te lo comerás en la cena! —vociferó ella. Juninho se quedó preocupado. Era su balón preferido. ¿Cómo iba a comérselo? La idea lo horrorizó, sobre todo porque una vez lo había lamido para ver a qué sabía y tenía un sabor espantoso: a hierba, tierra y cualquier otra cosa por la que hubiera rodado.

Pai atravesó la habitación con ayuda de su bastón.

—Vamos afuera, Juninho. Jugando aquí dentro, mareamos a tu madre.

Juninho estrechó el balón contra su pecho. Su padre apoyó una mano en su hombro y lo condujo hacia la puerta delantera. En la calle siempre se podía jugar un partido, aunque jugaran ellos dos solos.

Pai apenas hablaba del tema, ni siquiera con Nadine, pero para él en ese momento lo más importante en la vida era enseñar a su hijo el lenguaje del fútbol. Tenía mucho que ofrecer y daba gracias a Dios por haber conservado la fe intacta después del accidente, pese a que estuvo un año sin poder caminar. En el fondo de su corazón sabía que volvería a jugar, pero ese momento llegaría cuando lo decidiera Dios, no él. Mientras tanto, enseñaría a su hijo todo lo que sabía sobre ese hermoso deporte.

3

••••••

Fútbol entre cuatro paredes

—¡Juninho saca de banda! —exclamó Juninho, y lanzó el balón hacia el interior de la habitación. No sólo era el jugador, sino también el comentarista. El balón rodeó la cama y recorrió el estrecho pasillo, rozando la línea de banda, formada por el armario. Lo controló con la izquierda, se lo pasó con destreza al pie derecho y, driblando, llegó al extremo de la cama y chutó. El balón atravesó la cocina y salió por la puerta trasera.

—¡Goooool! —exclamó, brincando con los brazos extendidos, y después alzó uno de ellos en un gesto triunfal. Nadine estaba en la cocina. Había renunciado hacía tiempo a contener el furor de su hijo cuando jugaba al «fútbol entre cuatro paredes».

Los abuelos ocupaban el dormitorio, y Pai, Nadine y Juninho el salón, donde disponían de una sola cama para todos, circundada por el armario y la cómoda a modo de tabiques. Cuando nació Rafaella, la hermana de Juninho, la cama se les quedó aún más pequeña y el alboroto era continuo.

La cama de matrimonio estaba pegada contra la pared. A los pies de la cama quedaba un hueco entre ésta y la cómoda, una especie de estrecho pasillo. Al otro lado de la cama, el armario delimitaba la habitación como si fuera otra pared, quedando un hueco similar entre ambos muebles. Así se formaba un pasillo desde la pared real de la casa, que recorría el hueco a los pies de la cama, trazaba un recodo al llegar al armario, seguía a lo largo de la cama y terminaba en el cabezal: un largo pasillo en forma de ele. Para Juninho, representaba un espacio donde jugar. Driblaba con el balón de un extremo del pasillo a otro, luego lo pisaba y desandaba el camino a toda velocidad. Arriba y abajo, por ese espacio tan reducido, regateaba y practicaba sus movimientos, una y otra vez, hasta perfeccionarlos.

—¡La chilena! —exclamaba. Se dejaba caer en la alfombra de tupido pelo y golpeaba hacia atrás el balón, que iba a parar a la cama, entre otras varias pelotas. Juninho daba un espectacular salto y aterrizaba en la cama, dispersando su colección de balones de fútbol en todas direcciones.

—¡Penalti! —gritaba.

A continuación contemplaba los veintitantos balones que botaban por la habitación, unos gastados, otros relucientes, unos grandes, otros pequeños. Fruncía el entrecejo.

—¡Lo siento, amigos! —decía, y corriendo por la habitación los recogía y volvía a colocarlos en la cama. Siempre se quedaba con uno. Nunca iba a ningún sitio sin un balón.

Pai trabajaba en el taller de su padre en las afueras de la ciudad. Pero el negocio no iba bien debido a la situación económica del país.

—Hay poca actividad en el taller, y mi padre piensa que debo buscar otro empleo —comentó a Nadine a la hora de la cena, sentados ambos a la mesa con Juninho y la pequeña Rafaella.

—Yo también quiero ayudar al abuelo —dijo Juninho.

—Tú no necesitas trabajar —contestó Pai, y señaló a su hijo con el tenedor—. Eres sólo un niño. Tu trabajo es jugar.

Juninho se detuvo a pensar por un momento y sonrió.

—Sí, papá —convino él, y ensartó otro trozo de comida con el tenedor.

—¿Qué vamos a hacer? —preguntó Nadine a su marido.

—Un cliente del taller… ¿Te acuerdas de aquel al que se le averió el carburador? —dijo Pai.

—Sí, ¿cómo no me voy a acordar? —respondió Nadine, en broma. No tenía ni idea de quiénes eran sus clientes.

—Bueno, da igual —prosiguió Pai—. Me ha dicho que hay una vacante en la Compañía de Ingeniería del Transporte de Santos. Necesitan un mecánico. Voy a solicitar el puesto.

—¡Estupendo! —exclamó Nadine—. Eres un buen mecánico. Tendrán suerte si trabajas para ellos. ¿Pagan bien?

Pai se encogió de hombros.

—Lo mismo que todos. El salario mínimo. Así que cuando consiga el puesto, no nos alcanzará, y tendré que buscar otro empleo.

Nadine se echó a reír. No le extrañaba. Aunque en esa zona de Brasil no había paro, los sueldos eran muy bajos. La mayoría de la gente a la que conocían tenía tres empleos sólo para llegar a fin de mes. Y ahora que había nacido Rafaella, Neymar Sénior debía arrimar el hombro para alimentar a toda la familia. Sus hijos no pasarían hambre mientras la salud le permitiera trabajar.

Al cabo de un par de días, Pai estrechaba la mano al capataz de la Compañía de Ingeniería del Transporte de Santos.

—Necesitamos un mecánico con su experiencia —explicó el capataz.

—Soy el hombre que buscan —respondió Pai.

A continuación el capataz dejó caer un comentario curioso.

—Cuentan por ahí que juega usted muy bien al fútbol.

Pai se preguntó cómo se habría enterado, y cayó en la cuenta de que allí las noticias volaban, sobre todo cuando se trataba de cuestiones de fútbol.

—Es verdad que me gusta el fútbol —reconoció Pai—. No soy un crack, pero sí se me daba bien en mis tiempos.

—Magnífico. Necesito alguien con quien hablar del tema —dijo el capataz—. Puede empezar mañana mismo. —Se disponía ya a marcharse, pero de pronto se dio la vuelta—. Por cierto, yo también tengo dos empleos. —Sonrió y volvió a entrar en el edificio.

A Pai le cayó bien. Tras esperar en el bordillo de la acera a que pasara el tráfico, cruzó la calle con cuidado. Había visto un anuncio en una tienda. Cuando se acercó, leyó el anuncio en la puerta. Buscaban un comercial. Era una tienda de depuradoras de agua.

Entró y se ofreció para el empleo. Debió de inspirar confianza a los propietarios, porque, al salir, era ya comercial de la tienda. Vendería filtros de agua de Panasonic de puerta en puerta. Estaba siendo un buen día. Tenía ya tres empleos, y con eso esperaba poder mantener a su familia. De camino a casa compró fresas, que le encantaban a Nadine. Cuando se las ofreció a su mujer y le anunció que había conseguido dos empleos, ella le dio un beso.

«Fútbol entre cuatro paredes» era un juego divertido, pero con el tiempo Juninho empezó a aburrirse de jugar solo. Para que le pareciera más real, necesitaba a otros niños. Necesitaba una portería y un equipo rival. Pidió, pues, a su madre que invitara a sus primas a casa para poder jugar con ellas. En cuanto llegó su prima Jennifer para cuidar de su hermana de dos años, Rafaella, la convirtió inmediatamente en uno de los postes de la portería.

A sus primas Lorrayne y Rayssa, que aparecieron pocos minutos después, les asignó el papel de equipo contrario. Y como ninguna sabía jugar, imaginó que eran defensas. Juninho, con sus grandes conocimientos en cuestiones de fútbol, decidió que Rafaella tenía ya edad para hacer de poste. Las tres primas se pusieron las camisetas de distintos equipos de fútbol locales. Rafaella parecía ahogarse en la suya, por lo grande que era, cuatro tallas más de la que le correspondía. Juninho, después de examinar los equipos y el terreno de juego, se dio por satisfecho. «Fútbol entre cuatro paredes» ya no volvería a ser lo mismo.

Los tíos y los abuelos, tomando zumos fríos y charlando en el jardín trasero, no tenían ni idea de lo que ocurría dentro.

Juninho, en el salón, salió al terreno de juego y, en su imaginación, la multitud lo ovacionó.

Lorrayne y Rayssa se rieron, pero no se atrevieron a moverse.

Jennifer se quedó quieta como un poste, cumpliendo a la perfección su papel. Inexpresiva, mantenía la mirada fija al frente, pero por dentro se partía de la risa. Rafaella sonrió a Jennifer y se acercó a ella, pero Jennifer volvió a llevarla a su posición de poste izquierdo.

Juninho esquivó a Lorrayne y Rayssa y las superó. Cuando ellas se echaron a correr, él, pícaramente, forzó una falta.

—¡Penalti! —gritó Juninho. Agarró el balón y lo llevó al punto de penalti, que estaba junto al armario. Corrió hacia el balón y lanzó un zurdazo perfecto, y el esférico voló entre Rafaella, entretenida mirándose los zapatos, y Jennifer, que no tenía ni idea de lo que debía hacer.

—¡Goooooool! —exclamó Juninho mirando al techo y levantando el brazo repetidamente.

Pai, Nadine, el hermano de Pai, su mujer y los abuelos sonrieron todos al oír a los niños jugar dentro de casa. Juninho adoraba el fútbol, y siempre se lo veía con un balón bajo el brazo. Eso no era raro en Brasil. Millones de niños hacían lo mismo.

Pai, que compatibilizaba como podía sus tres empleos, a duras penas conseguía mantener a su familia, pero sabía que su hijo era especial. Tal vez, algún día, el sueño de Pai se haría realidad y Juninho sería un gran futbolista profesional. Mientras tanto, debían dar gracias por lo que tenían. Podían considerarse afortunados. Observó los rostros sonrientes de su familia alrededor y se sintió feliz.

Pasó otro minuto.

Juninho marcó otro gol, y otro más. No había nada como el «fútbol entre cuatro paredes».

4

Betinho

Corría el año 1998, y cuando Neymar Júnior tenía seis años, Pai se sentía ya en condiciones de volver a jugar al fútbol. Decidió jugar al *beasal*, una variante brasileña del fútbol que se practicaba en la playa, en un campo pequeño, con cinco jugadores por equipo, incluido el portero. Mientras jugaba al *beasal* con unos amigos, lo vio el entrenador del Recanto, un equipo local de fútbol playa, y tras un partido informal en el que Pai mostró su destreza, el entrenador lo fichó para su equipo.

—Eres un crack —dijo el entrenador.

—No soy un crack. Tal vez lo fuera antes del accidente. Pero ya no. Ahora reparo coches y vendo depuradoras de agua —respondió Pai—. Pero me encanta el fútbol. Sin el fútbol, me volvería loco.

—Eso no, no queremos que te vuelvas loco. Además, ahora mismo no tenemos ningún otro crack en el sótano, así que tendrás que serlo tú —contestó el entrenador, y le tendió la mano. El «sótano» era cómo llamaban a su competición liguera.

—¿Trato hecho? —preguntó el entrenador.

Pai desplegó una sonrisa y le estrechó la mano. Y fue así como volvió a formar parte de un equipo. Aunque no le pagaban, estaba contento.

En una playa cercana a Praia Grande, durante un partido de la competición liguera, Pai, vestido con los colores del Recanto da Vila, avanzaba con el balón. Un jugador del Tumiaru le hizo falta, y Pai se preparó para lanzar un penalti. Habían pasado casi seis años desde el accidente, pero todavía no se había recuperado del todo y aún le dolía la cadera. Aunque se lo veía bien en el campo, él, en el fondo de su corazón, sabía que ya no tenía la soltura de antes.

En las gradas de la playa, Neymar Júnior, a sus seis años, imitaba los movimientos de su padre. Esquivaba a los espectadores allí sentados, incluso a su madre, Nadine, que permanecía atenta a su hijo y a su marido al mismo tiempo. Rodeaba con el brazo los hombros de su hija de dos años, Rafaella, sentada a su lado.

Por suerte, el Recanto solía jugar sus partidos el mismo día que Nadine libraba en su empleo en la guardería, donde trabajaba de cocinera, por lo que la familia entera acudía a casi todos los encuentros. Cuando Nadine veía jugar a su marido, sabía que se dejaba la piel en cada partido. Como se la dejaba también su hijo, dicho sea de paso. Pai hacía un movimiento, y Juninho lo repetía exactamente igual en las gradas. Imitaba la destreza de su padre, movimiento a movimiento, paso a paso, toque a toque. Juninho era mucho más rápido, incluso en las gradas. Los obstáculos no eran un estorbo para él; por el contrario, lo animaban a mejorar.

Más abajo, en la playa, Pai lanzó el penalti y falló.

Nadine advirtió la presencia de un hombre que veía el partido desde la playa, o al menos eso parecía. Pero de pronto hizo algo imprevisto. ¡Le dio la espalda al juego y la miró a ella!

No prestaba la menor atención al partido. Tenía la mirada fija en las gradas, en Juninho, que, con su balón preferido pegado al pie, corría a toda velocidad por los estrechos pasillos que formaban los asientos.

Aquel hombre estaba allí para recoger a su propio hijo, que iba a la playa casi todos los días a jugar un partido improvisado antes de la cena.

Estaba arruinado. Acababa de cumplir cuarenta años y sentía que había dejado atrás la mejor parte de su vida. Él mismo había sido en otro tiempo una estrella, no como futbolista, sino como descubridor de grandes jugadores, por ejemplo, el astro brasileño del Santos, Robinho. Pero de eso hacía ocho años, y ahora se había quedado otra vez sin blanca. Necesitaba encontrar a otro crack antes de que fuera demasiado tarde.

Ese niño al que observaba en las gradas, pensó, encajaría perfectamente en el equipo de fútbol sala que estaba formando. Era rápido. Muy rápido. Seguro de sí mismo. Tenía un don natural. Rebosaba energía. Poseía un dominio excepcional del balón. El hombre estaba asombrado. Para su edad, el niño tenía un control extraordinario, y más aún si se tenía en cuenta lo reducido que era aquel espacio.

Un hombre que hacía footing en la playa pasó cerca de él y lo reconoció.

—¡Betinho! ¿Qué haces aquí, en el sótano? —bromeó el corredor al pasar a su lado.

—¡Busco a mi hijo, amigo mío! —contestó Betinho levantando la voz—. Y espero encontrar también un equipo —añadió en un susurro para sí en cuanto el corredor ya no lo oía. Sacó un pañuelo y se enjugó la frente. Hacía calor, y le escocían los ojos por el sudor. Poco después volvió a fijar la atención en el niño que corría por las gradas. Parecía más o menos de la edad de su hijo, que era la de los niños que buscaba para formar un nuevo equipo. Pero el partido que se desarrollaba en la playa no había escapado a su atenta mirada. El padre del niño era un buen jugador. Su madre era alta y guapa. El niño tenía posibilidades. Y unos genes excelentes.

Mientras Nadine observaba a su marido en el campo, de pronto una sombra se proyectó sobre ella. Alzó la vista, y allí estaba Betinho.

—Tiene un control del balón magnífico —comentó él, y se sentó a su lado.

—Tuvo un accidente, y ha vuelto a jugar hace poco después de una larga recuperación —replicó ella distraídamente, pensando que el hombre se refería a su marido—. Hacía cinco años que no jugaba, ¿no es increíble?

—¡¿Cinco años?! Pero ¡si no puede tener más de seis! —exclamó Betinho.

Nadine, desconcertada, lo miró.

Betinho soltó una risita y señaló a Juninho, que avanzaba hacia ellos regateando con el balón.

—Me refiero al niño. Es su hijo, supongo. Se parece mucho a usted. Tiene su misma sonrisa.

Nadine dejó escapar una carcajada.

—Creía que hablaba de mi marido —aclaró. De pronto, con expresión seria, añadió—: Perdone. ¿Es que lo ha molestado mi hijo?

Betinho sonrió.

—Ni mucho menos —respondió, y le entregó un folleto para que lo leyera. Era un anuncio para la promoción de un nuevo equipo de fútbol sala en el club Tumiaru con niños nacidos en 1991 y 1992. Lo organizaba Betinho para el Santos FC y andaba buscando candidatos.

Nadine alzó la vista.

—¡Juninho nació en el noventa y dos!

—¡Estupendo! —exclamó Betinho—. Tráigalo la semana que viene. Quiero verlo en el terreno de juego. Si en el campo es la mitad de bueno que en las gradas, lo queremos —añadió—. No quisiera pecar de indiscreción, pero... ¿dónde demonios ha aprendido a moverse así?

—«Fútbol entre cuatro paredes» —respondió Nadine con toda naturalidad.

Ese mismo día, un rato antes, Juninho había derribado con su balón preferido la lámpara de pie que hacía las veces de poste derecho, rompiendo la bombilla y la pantalla. Ése era el inconveniente del «fútbol entre cuatro paredes».

—¿«Fútbol entre cuatro paredes»? —Betinho se echó a reír—. En fin, no sé que será eso, pero el niño tiene mucho talento.

—¿Tiene talento? —preguntó Nadine—. ¿Ah, sí? Hablaré con su padre. —De pronto sonrió—. Estoy segura de que le parecerá bien. —Volvió a mirar a Pai, que jugaba y se lo pasaba bien. Se moría de ganas de darle la buena noticia.

5

El primer equipo

Juninho se agarró a su padre cuando éste redujo la marcha de la moto y tomó una curva inclinándose en un ángulo de cuarenta y cinco grados. Aunque iba en moto con su padre a todas partes, las curvas cerradas y la velocidad siempre le causaban impresión. La fuerza de la gravedad comprimió contra el asiento de cuero a Juninho, que cerró firmemente los ojos, rezando para no caerse. Neymar Sénior giró para cambiar de sentido y entró en un pequeño aparcamiento de tierra junto al gimnasio Baixada Santista, donde el Clube Tumiaru tenía un campo cubierto. Derrapando, se detuvo en la grava suelta. Se apeó ágilmente, cogió a su hijo y lo dejó en el suelo. A Juninho le temblaban las piernas, pero lo disimuló. No quería que su padre pensara que estaba asustado.

Padre e hijo siempre hablaban de fútbol. Pai explicaba a Juninho la importancia de la creatividad. Le decía que los jugadores desarrollaban su propio estilo de juego. Los grandes futbolistas poseían cierta chispa, algo que los elevaba por encima de todos los demás y los volvía especiales. Pai sabía que Juninho probablemente no lo entendía, porque todavía era pequeño. Pero también sabía que la creatividad debía fomentarse pronto. Y el punto de partida era la seguridad en uno mismo. Juninho nunca se cansaba de oír hablar de fútbol a su padre.

—A eso se llama «improvisación» —dijo Pai mientras entraba con su hijo en el gimnasio—. ¿Sabes qué significa «improvisación»? —El eco de su voz resonó en las paredes del gimnasio.

—No —contestó Juninho, vestido con una camiseta corriente. Repitió el «no» porque quería oír su eco.

—Es el alma de todo gran jugador —explicó su padre—. *Improvisação* —repitió, esta vez articulando cada sílaba por separado—. Del cerebro al pie —añadió, señalándose primero la cabeza y luego el pie—. Haces algo, como por ejemplo la bicicleta, pero lo haces a tu manera.

—¿Como cuando juego en casa? —preguntó Juninho.

—Exacto. No lo planeas de antemano. En el campo de fútbol no hay tiempo para eso. Ni aquí, en la cancha del Tumiaru. Va del cerebro al pie. Más bien, del *corazón* al pie.

Juninho observó a su padre y asintió. Para él, su padre era el hombre más importante del mundo. Era un as y le había enseñado muchas cosas sobre el fútbol. Todo lo que sabía de ese deporte lo había aprendido de su padre y de su abuelo. Igual que todo lo que sabía sobre el corazón lo había aprendido de su madre.

—Inventa algo y si sale bien, practícalo hasta perfeccionarlo.

—¿Con éste? —preguntó Juninho, levantando el pie derecho—. ¿O con éste? —Levantó el pie izquierdo.

—Con cualquiera de los dos. Hazlo muy bien con los dos y siempre tendrás más posibilidades de ganar —respondió Pai.

Juninho sonrió y arrugó la nariz.

Pai le devolvió la sonrisa. ¡Dios mío, qué orgulloso estaba de su hijo! Y cuando el niño sonreía así y arrugaba la nariz y la frente, veía sobre su ceja la fina cicatriz en forma de coma invertida que le había quedado tras el accidente. Nadie reparaba en esa marca salvo él. Había que fijarse. La sonrisa de su hijo, pues, siempre le recordaba el accidente: el horror que sintió cuando temió haberlo perdido. Le recordaba el regalo que era ese niño para ellos.

—¿Preparado? —preguntó, apoyando las manos en los hombros de su hijo.

Juninho abrazó a su padre.

—¡«Fútbol entre cuatro paredes»! Sólo que aquí hay más espacio.

Salió trotando a la pequeña cancha de madera donde lo esperaban Betinho y los demás jugadores.

Pocos minutos después Betinho veía con asombro a Juninho correr como una flecha por la pista de *futsal* del Tumiaru. Al igual que el *beasal*, el *futsal* se juega en un terreno de juego pequeño, casi siempre en un espacio cubierto. El nombre proviene del término portugués *futebol de salão*, que significa «fútbol sala». Este deporte nació en Brasil y Uruguay en los años treinta y cuarenta del siglo pasado. Cinco jugadores, incluido el portero, componen cada equipo, y el balón es más pequeño. Es una manera excelente de desarrollar las aptitudes de un jugador y el juego en equipo.

Cuando empezó el partidillo, los demás niños se vieron desbordados. Juninho era un jugador rapidísimo, muy seguro de sí mismo y aparentemente incansable. A Betinho le bastaron unos minutos para comprender que no se había equivocado al intuir la valía del chico cuando lo vio por primera vez en la playa. Ese niño era espectacular. «Me parece que hemos encontrado a nuestro crack», se dijo, y arrinconó a Juninho cuando éste abandonaba la cancha.

—Antes que nada, quiero que sepas que ya eres del equipo.

Juninho daba botes de alegría cuando su padre se acercó. Betinho le tendió la mano y los dos hombres se dieron un fuerte apretón.

—Este niño es un fuera de serie —dictaminó.

Pai soltó una risita.

—Venía precisamente a preguntarle qué le había parecido.

Betinho se volvió hacia Juninho.

—¿Dónde has aprendido todos esos trucos?

—En casa —respondió Juninho, y Pai y Betinho se echaron a reír.

—Lo dice en serio —aseguró Pai.

—En fin, cuando lo vi en las gradas me quedé muy impresionado —explicó Betinho—. ¡Imagino que jugando en casa es el no va más! —Los dos hombres se rieron. Juninho no entendió por qué.

Betinho estaba maravillado. La clave del fútbol era el control del balón en espacios reducidos. Ese niño era aún mejor de lo que esperaba. Pai volvió a la grada para seguir viendo jugar a su hijo. Tomó nota de lo que después intentaría trabajar con Juninho.

La cancha cubierta de fútbol sala del gimnasio Baixada Santista era donde jugaban las categorías infantiles del Santos. Los niños que destacaban allí accedían luego al campo de hierba. Pai sabía que aquello era un buen comienzo. Se inclinó hacia Betinho y le susurró:

—Tengo que volver al trabajo.

—¡Ah, claro! Qué desconsideración la mía. Ni siquiera se lo he preguntado. ¿A qué se dedica, señor Silva Santos? —dijo Betinho.

—Reparo coches y vendo depuradoras de agua —contestó Pai—. De hecho, tengo tres empleos. No nos sobra el dinero, ya me entiende…

Betinho comprendió en el acto que la familia pasaba apuros.

—Bueno, intentaremos mejorar su situación. Puedo ofrecerles cupones de alimentos para dar de comer a toda la familia. ¿Qué le parece?

A Pai le pareció fenomenal. Necesitaban esa ayuda con desesperación. Pese a sus tres empleos, no llegaban a fin de mes. Tener cubierta la comida significaba mucho para ellos, y el ofrecimiento de Betinho lo conmovió. Pero él era un jugador duro. Así que sonrió y se limitó a contestar:

—Gracias, Betinho. Es un buen comienzo.

6

Marcar con la zurda y la diestra

El barrio de Jardim Glória se hallaba ante la isla cercana a la costa compartida por Santos y São Vicente. Era un barrio pobre de grises chabolas. Grises hasta que la familia da Silva Santos se trasladó a una alegre casa verde construida por Pai. Era la primera pincelada de color que se veía en el barrio desde hacía mucho tiempo.

Pocos meses después de instalarse allí la familia, Betinho detuvo el coche delante de la casa, echó el freno de mano y se apeó. Vio que los niños jugaban al fútbol en la calle, un poco más arriba en la cuesta. Se alisó la camisa y se dirigió hacia ellos con paso firme. Primero vio a Juninho, en mitad de la calle, que corría con el balón pegado a los pies. Betinho se aclaró la garganta y todos los niños dejaron de jugar.

—¡Es tarde! —dijo—. ¡Hoy hay partido!

Los demás niños sabían que cuando había entreno o partido, tenían que dejar de jugar hasta que volviera Juninho.

Juninho, con el número 7 en la camiseta azul y blanca del Tumiaru, se acercó a Betinho con una amplia sonrisa en el rostro. En cuanto llegó a él, bajaron juntos por la cuesta. Se subió feliz al coche viejo y destartalado de Betinho, y los dos se marcharon a toda velocidad al *salão.*

En los últimos meses, Juninho se había ganado la camiseta con el número 7. En la organización todos tenían muy claro que era un jugador brillante, todos menos el propio Juninho. Si alguien le hubiera preguntado al respecto, él no habría sabido de qué le hablaban. Para Juninho, eso era lo que hacía a diario, jugar tal como su padre y su abuelo le habían enseñado: a por todas. Daba igual si era en su casa, en la calle, en las gradas o en la cancha. Lo único que importaba era poner el corazón y la cabeza en la victoria.

En la pista de fútbol sala del Baixada Santista, le encantaba oír el golpeteo de las zapatillas en el suelo del gimnasio. Sabía cuál era exactamente el número de pasos entre un extremo y otro de la cancha. Con este dato, podía calcular la distancia a la que se encontraba cada uno de sus compañeros, medida en pasos, en un momento dado. Le encantaba hacer la pared con su amigo Dudu, un niño feliz de pelo oscuro y rizado.

Al finalizar el primer tiempo, Betinho hizo señas a Juninho para que se acercara y el pequeño trotó hacia él.

—Usa la derecha —indicó Betinho.

—Ya lo hago —respondió Neymar.

—Sólo la derecha —insistió Betinho.

Juninho, confuso, lo miró.

—¿Lo dice en serio? —Se quedó pensativo por un momento y se encogió de hombros—. De acuerdo.

Después del descanso, Juninho corrió a ocupar su posición, y se reanudó el partido. Pero cuanto más lo pensaba, más confuso estaba. Su padre siempre le había enseñado a usar los *dos* pies. Pero, claro, Betinho era quien mandaba. ¿Qué debía hacer?

—¿Qué te ha dicho Betinho? —preguntó Dudu.

—Que use la derecha.

—¿Y eso qué tiene de nuevo? —insistió Dudu.

—Es que a mí me gusta usar las *dos* piernas.

—Claro. Por eso eres tan completo —señaló Dudu—. ¡Aunque no en mates!

Juninho se sonrojó y no supo qué contestar. Dudu y él iban a la misma clase, y Dudu siempre lo ayudaba con las matemáticas. Era exasperante, pensó Juninho. Podía calcular dónde estaban todos en el campo, pero era incapaz de resolver los problemas que el profesor escribía en la pizarra. La idea de lo mal que se le daban las mates mantuvo su mente ocupada durante una milésima de segundo, tiempo suficiente para que el balón pasara de largo junto a él.

Por suerte, Dudu estaba allí. Lo detuvo y se lo pasó directamente a él.

—¡A ver si estás más atento! —vociferó, y recorrió toda la cancha señalándolo y riéndose.

Juninho también se rió. Se acordó de la regla de su padre. «Regla sesenta y dos —decía—. No te tomes en serio a ti mismo.»

Juninho, con el balón, zigzagueó por la cancha y, engañando al portero, lo mandó al fondo de la red por la escuadra izquierda. Pai, que se había tomado un descanso en el trabajo para ir a ver jugar a su hijo, se levantó de un salto y lo vitoreó. De pronto se dio cuenta de que, salvo Betinho, era el único allí que estaba de pie. Los demás padres, enfrascados en sus conversaciones, ni siquiera se inmutaron ante el gol de su hijo. Al cabo de un minuto, uno de los otros chicos se apoderó del balón y todos los padres se pusieron en pie.

«O sea, que así están las cosas», pensó Pai.

En la pista, Juninho volvió a hacerse con el balón y, a los pocos segundos, tenía a su alcance un tiro a puerta perfecto.

—¡La zurda! ¡La zurda! —gritó Pai desde la banda, brincando de emoción.

Juninho tenía mejores opciones de disparo con la izquierda, pero, recordando las instrucciones del entrenador, se pasó el balón al pie derecho y chutó. El esférico, siguiendo una trayectoria recta, pasó por encima del larguero y fue a parar entre el público.

—Vaya crack —comentó uno de los padres a Betinho con desdén.

Betinho sonrió educadamente, sin prestarle mayor atención. Estaba acostumbrado a que los padres se pelearan entre sí por sus hijos. Juninho se sintió decepcionado por el fallo. ¿Por qué molestarse en tirar con la derecha cuando uno dominaba perfectamente el juego con la izquierda?

En la línea de banda, Pai pensaba lo mismo. Eso lo habían practicado juntos. ¿Por qué Juninho *no* había tirado con la izquierda? Se levantó y se acercó a Betinho.

—Tenía que haber chutado con la izquierda —dijo Pai.

Sin apartar los ojos de la cancha, Betinho contestó:

—No lo ha hecho por orden mía.

Pai le lanzó una mirada furibunda.

—¿Disculpe?

—Yo le he dicho que usara sólo la derecha. Es su pierna fuerte. Cosas de la vieja escuela. Yo siempre les enseño así.

Pai sonrió, pero era una de sus sonrisas peculiares, una de esas que, según Nadine, era preferible no verle en los labios.

—Lo siento, pero eso no va con nosotros —replicó Pai.

—Señor da Silva, creo que usted no…

—Calle —interrumpió Pai—. No se interponga nunca entre mi hijo y yo. Siempre le he enseñado y lo he entrenado para que use las dos piernas —añadió—. Él es así de bueno. Yo que usted me replantearía el método de entrenamiento. Puede que le parezca propio de la vieja escuela, pero a mí me parece sencillamente anticuado.

Dicho esto, Pai se alejó y se situó junto a la línea de banda, más cerca de Juninho y más lejos de Betinho. Cuando el balón salió fuera del terreno de juego, Pai llamó a su hijo con una seña y le susurró algo al oído. Juninho lanzó una ojeada a Betinho, que seguía sentado en su sitio, volvió a mirar a su padre y asintió. Acto seguido volvió a la cancha.

Betinho se rascó la cabeza. «La vida es demasiado corta», pensó. Además, probablemente Pai tenía razón. «Está claro que en esto no puedo ganar», murmuró para sí, y se encorvó en el asiento. Cerca de él, el padre de otro jugador parecía estar a punto de decir algo, pero Betinho levantó la mano para hacerlo callar.

—Su hijo dejará de calentar banquillo cuando juegue así —dijo, señalando a Juninho, que regateó y, haciendo un túnel a un rival, pasó el balón a Dudu, que estaba en la banda opuesta. Dudu le devolvió el pase y Juninho, con una precisión de cirujano, lo mandó al fondo de la red.

Al día siguiente, después de clase, los niños improvisaron un partido en la calle. Betinho apareció en su coche. Se apeó y subió por la cuesta en dirección a ellos.

—¡Vamos, Juninho! —llamó a gritos.

En respuesta, los niños gritaron a coro y agitaron los brazos desenfrenadamente.

Betinho, siguiéndoles la corriente, agitó también los brazos.

—¡Date prisa!

Juninho señaló con el dedo y exclamó:

—¡Betinho! ¡El coche!

Betinho se volvió justo a tiempo de ver que el coche descendía por la cuesta marcha atrás. Se había olvidado de echar el freno de mano. Atónito, se quedó inmóvil por un momento, sin saber qué hacer. El coche rodaba por la pendiente, cada vez a mayor velocidad, en dirección a un cruce con mucho tráfico.

Juninho y los otros niños se echaron a correr cuesta abajo tras el coche de Betinho. Juninho corrió con tal rapidez que los adelantó a todos, como si éstos estuvieran detenidos, y al final alcanzó al coche. Como la ventanilla estaba abierta, apretó aún más el paso y, calculando con toda exactitud, se lanzó a través de ella y aterrizó en el asiento delantero del coche, que avanzaba cada vez más deprisa.

—¡El freno de mano! —indicó Betinho a gritos, jadeante, desde lo alto de la calle.

El coche llegó al cruce, marcha atrás.

Juninho buscó el freno de mano entre los asientos y tiró de la palanca. Se oyó un sonoro chirrido, y el coche, derrapando y coleando, fue a detenerse en medio del cruce. Alrededor circulaban los demás automóviles a toda velocidad, dando bocinazos a su paso.

Betinho llegó por fin y se apresuró a abrir la puerta. Se encontró a Neymar Júnior al volante con una expresión pícara en el rostro.

—Una buena carrera, ¿eh, entrenador? —preguntó.

—A ti nadie te alcanza —dijo Betinho, sin aliento.

—¿Y qué tal el salto, entrenador? —insistió Juninho.

—Increíble —contestó Betinho.

Juninho se desplazó al asiento contiguo, y Betinho ocupó el del conductor. Los demás niños se acercaron corriendo y subieron también al coche. Betinho arrancó y volvió a subir por la cuesta. No recobró el aliento del todo hasta que se detuvo en lo alto, ante la casa de Juninho. Tenía el corazón acelerado. Miró a los niños. No se los veía en absoluto cansados. «Bien —pensó—. Al menos han hecho ejercicio.» Se echó a reír. Su risa era tan contagiosa que pronto todos estuvieron desternillándose. Sintió un profundo alivio. No había ocurrido una desgracia por los pelos.

—¿Y qué hemos aprendido hoy, Betinho? —preguntó Juninho.

—¿Que tienes que estar listo cuando llego? —contestó Betinho.

—¡NO! —exclamaron los niños al unísono.

—¡Que hay que echar el freno de mano! —dijo Juninho.

Betinho se rió. El niño tenía razón.

Los demás salieron del coche.

—¡Hasta mañana, Betinho!

—¡Qué divertido ha sido!

—¡Tenemos que repetirlo!

Betinho se rió y se marchó con Juninho.

Juninho dirigió un gesto de despedida a sus amigos desde el coche, y ellos se lo devolvieron a la vez que Betinho enfilaba hacia el club.

7

••••••

La Bella Durmiente

Juninho observaba a su padre empujar un esparcidor de semillas arriba y abajo por el jardín trasero, primero por un lado, luego por el otro. En el suelo había delimitado un gran rectángulo, de superficie equivalente más o menos a un campo de fútbol sala. Pai había clavado pequeñas estacas de madera en el suelo y tendido entre ellas un cordel para impedir el paso y evitar que alguien pisara la tierra sembrada. Juninho, con su hermana Rafaella al lado, no se perdía detalle.

—Jardín —dijo Rafaella.

—No —corrigió Juninho—. Es algo mejor.

Rafaella batió palmas.

Al cabo de una semana aquel rectángulo de tierra era ya de color verde.

—¡Es un campo de fútbol sala! —exclamó Juninho, viendo a su padre regar los brotes de hierba—. Con césped.

—¿Cómo lo has adivinado? —bromeó Pai, y siguió regando.

Juninho pensó que aquello era lo mejor que le había ocurrido en la vida. ¡Un terreno de juego en su propio jardín! El largo rectángulo de hierba cabía perfectamente. No era mayor ni menor que el *salão* cubierto del Clube Tumiaru. Pero el suelo era más blando. Y más verde. Pai admiró su labor. Pai aportó el trabajo duro, y Betinho, las semillas. Era una buena idea: así los niños del barrio no estarían en la calle y Juninho dispondría de un lugar magnífico donde entrenarse.

Un día, mientras sus padres estaban en el trabajo, Juninho invitó a sus amigos a jugar un partido en el jardín por primera vez. Para su sorpresa, se presentaron veinte niños. El nuevo campo había causado furor, y todos querían probarlo.

Jugaron hasta que el sol se hundió en el mar con un destello verde. Seis horas, sin parar. Batieron el récord del barrio. Sólo entonces Juninho advirtió que la hierba había desaparecido. El jardín volvía a ser el terreno arenoso que era antes de que Pai lo sembrara. Parecía una playa. Habían arrasado el campo en un día.

—¡Menuda bronca me caerá cuando llegue mi padre! —gimió Juninho, horrorizado—. ¿Qué hago?

—Dile la verdad —sugirió un niño.

—Hazte el sorprendido —aconsejó otro.

—Vete a dormir temprano —apuntó un tercero.

—Un momento. ¿Cómo has dicho? —preguntó Juninho, quedándose inmóvil.

—Siempre que no quiero que mis padres se enteren de algo —explicó el niño—, me voy a la cama temprano. Si estoy dormido, no me despiertan, ¿entiendes? No me levanto hasta que se van a trabajar, y así no tengo que hablar del asunto. Al final se olvidan. —El chico se encogió de hombros.

A Juninho la idea le pareció magnífica por su simplicidad. Aun así, lo angustiaba el mero hecho de planteárselo. Sus padres siempre le habían enseñado a decir la verdad. Pero la cuestión era que no quedaba hierba, y la verdad podía acarrearle un castigo.

Los niños se desperdigaron en todas direcciones para regresar a sus casas en Jardim Glória, y Juninho esperó a su madre en la puerta de la cocina. Cuando Nadine entró, él bostezó.

Su madre fue derecha a la cocina y empezó a preparar la cena.

Juninho se desperezó.

—Ve a lavarte las manos —indicó Nadine—. La cena estará lista enseguida.

Juninho volvió a bostezar.

Nadine lo miró.

—¿Te encuentras bien? —preguntó.

Juninho bostezó otra vez. Y se desperezó.

—Estoy cansado. Creo... creo que voy a irme a la cama —anunció, y se fue a la habitación contigua.

Nadine, aunque desconcertada, no sospechó nada.

—Pero tu padre aún no ha llegado —comentó mientras echaba la pasta en el agua hirviendo.

—Sí, ya lo sé —contestó él, levantando la voz desde su habitación.

—¿Y la cena?

Juninho, sentado en el borde de la cama, cayó en la cuenta de que, al tramar su plan, se había olvidado por completo de la cena. Y se moría de hambre. Decidió que lo mejor era primero comer y acostarse después. Volvió a la cocina y se sentó en su lugar de siempre a la mesa. Nadine echó unas cucharadas de salsa a la pasta. Rafaella estaba en su trona de madera frente a él.

—Si tan cansado estás, puedes irte a dormir después de cenar —propuso Nadine, y se sirvió.

—Gracias, mamá —contestó él—. Sí, lo estoy.

A continuación fingió un último bostezo y empezó a engullir la pasta vorazmente. Había jugado al fútbol seis horas seguidas y tenía el depósito vacío. Tardó menos de tres minutos en zamparse la cena y poco después dormía ya profundamente.

Pero se despertó cuando su padre llegó a casa, y lo oyó hablar en susurros con su madre en la cocina.

—Ya se ha acostado —informó Nadine a Pai en cuanto entró. Ya era de noche—. No lo despiertes.

Juninho sonrió desde su cama, pero de pronto cayó en la cuenta de una cosa: si su padre miraba por la ventana hacia el jardín trasero, vería que la hierba había desaparecido. ¿Cómo podía pasarlo por alto? Tal vez en realidad aquello no fuera tan buena idea. Gimió. A lo mejor su padre no miraba. Al fin y al cabo, fuera estaba a oscuras.

Pai descubrió el estado del jardín nada más llegar a casa. Así las cosas, aprovechando que su hijo se fue a dormir temprano para eludirlo, volvió a sembrar la hierba. El césped tardó un par de días en crecer, y una mañana Pai, harto de esperar a que su hijo se percatara, decidió marcharse un poco más tarde de casa. Cuando Juninho entró en la cocina, listo para ir al colegio, se sorprendió al encontrar a su padre a la mesa del desayuno.

—¡Bella Durmiente! —dijo Pai con desenfado, y bebió un sorbo de café—. Ya casi no te reconozco.

Juninho, corroído por la culpa, creyó que iba a vomitar. No sabía qué decir. Se le aceleró el corazón. Nervioso, se sentó delante de su padre. Deseaba que se lo tragara la Tierra. ¡¿Qué había hecho?! ¡Estaba perdido!

—Ya empezaba a temerme que tuvieras la enfermedad del sueño —bromeó Pai.

Juninho advirtió que el jardín estaba otra vez sembrado y que la hierba comenzaba ya a brotar. Aun así, se sintió incapaz de armarse de valor para confesar ante su padre. Pero al final no pudo contenerse.

—Papá, fui... fui yo quien estropeó el campo.

Pai enarcó una ceja, lanzó una mirada a su mujer y luego asintió con expresión seria.

—Creo que tenemos que hablar antes de que llegue Betinho —dijo, y apuró su café de la mañana.

8

Cara a cara ante Dios

—Papá —dijo Juninho, sentado a la mesa de la cocina—. Siempre me has enseñado que si hago algo mal, debo decirlo, ¿verdad? —preguntó.

—Por supuesto. ¿Qué sería de nosotros si no reconociéramos nuestros errores? —respondió Pai.

—Me… Me escondía de ti porque tenía miedo de que te enfadaras por haber estropeado el campo —confesó Juninho. Miró a su padre a los ojos.

—¿Te escondías? ¿Como un avestruz? ¿De verdad pensabas que yo no me daría cuenta? —replicó Pai.

—¿Cómo te has dado cuenta? —preguntó Juninho, comprendiendo que su plan no había dado resultado.

—Bueno, en fin, veamos. Volví a casa del trabajo y vi que habían pisoteado el campo hasta dejarlo reducido a arena. ¡Era evidente que alguien había *jugado* allí! Así que al día siguiente volví a sembrar. *Tú* no te has dado cuenta porque hundiste la cabeza en la arena. Fíjate en lo bien que está creciendo.

Juninho se puso en pie y miró por la ventana. Volvió a la mesa, rojo de vergüenza.

—¿Estás enfadado conmigo? —preguntó.

—¿Enfadado? No. Estoy contento —contestó Pai, y soltó una risita.

—¿Contento? —insistió él. Los adultos eran desconcertantes.

—Claro. Sembré ese campo para que *jugaras*, y tú jugaste hasta que sólo quedó la arena. ¿Para qué crees que es un campo?

—Pero lo destrozamos.

—Lo destrozasteis *jugando*. Hicisteis exactamente lo que *debíais* hacer —explicó su padre—. No te preocupes. Tú limítate a jugar.

En ese momento oyeron el inconfundible ruido del coche de Betinho al apagarse el motor. ¡Chug chug chug cof!

Betinho asomó la cabeza por la puerta y vio que padre e hijo conversaban. Pasaba a buscar a Juninho para llevarlo al colegio. Era un favor que hacía a Pai cuando éste tenía que salir temprano para ir a trabajar, así que se sorprendió al ver que todos seguían en casa.

—¡Vaya, veo que la Bella Durmiente por fin ha despertado! —comentó.

—¡Pues sí! —respondió Juninho—. ¿Has visto el jardín? ¡Vuelve a crecer la hierba!

Betinho sonrió a Pai y a Nadine. Luego dirigió la atención hacia su pupilo futbolista.

—¡Hay que ver! —exclamó, y guiñó un ojo a Pai—. Es increíble, las cosas que pasan en esta vida. —Rodeó los hombros de Juninho con el brazo, lo condujo hacia la puerta y, al pasar junto a la mesa, cogió una tostada—. Para el camino —dijo a Nadine, y se marcharon.

Más adelante esa misma semana, el jueves, Pai decidió que la familia tenía que buscar una iglesia.

Juninho se acordó de una grande y azul que había visto en São Vicente, una que tenía las palabras «Cara a cara ante Dios» en la fachada. Una vez que decidieron entre todos que aquélla parecía la iglesia idónea para la familia, Juninho y su padre fueron a visitarla.

El templo de la Iglesia Bautista Peniel estaba a cargo del pastor Newton Lobato, un hombre fornido de pelo cano, penetrantes ojos castaños y una sonrisa encantadora que lo cautivaba a uno. Cuando pronunció su vehemente sermón ese día, su potente voz reverberó por toda la iglesia. Mil personas se apiñaban en el edificio para oír al pastor. Al fondo de la sala, Juninho, apoyado en el respaldo de la silla de delante, escuchó sus palabras con los cinco sentidos. Después rezó en privado con Lobato, y el pastor le dijo que la feligresía se reunía cada jueves y lo invitó a volver.

Al cabo de un par de años padre e hijo iniciaron una tradición que mantendrían ya para siempre: recitar juntos unos versículos de la Biblia antes de que Juninho saltara al terreno de juego, o a vecres Pai entregaba a su hijo un papel con un versículo de Isaías:

No temas, porque yo estoy contigo; no te desalientes, porque yo soy tu Dios.

9

El Gremetal

Betinho llamó a la puerta en casa de Juninho. Corría el año 2001 y su pupilo estrella ya había cumplido los nueve años. Era portador de una noticia para toda la familia.

Nadine abrió.

—Pasa —dijo, y lo condujo al salón—. ¿Te apetece algo de comer?

—No, estoy bien —respondió Betinho—. Más que bien —añadió, y se dio unas palmadas en el estómago—. ¿Está Pai?

Poco después Pai llevó a Betinho al jardín trasero, donde podían hablar.

Juninho y Nadine los observaron por la ventana de la cocina, preguntándose qué podía ser tan importante.

Los dos hombres se sentaron en el césped y se relajaron mientras unas nubes algodonosas procedentes del mar se deslizaban lentamente hacia el interior.

—He aceptado el puesto de entrenador en la Portuguesa Santista —anunció Betinho.

La Portuguesa Santista era la Associação Atlética Portuguesa, también conocida como «la Briosa». Era el equipo de fútbol de Santos, fundado por la población portuguesa de São Paulo en 1917.

—¡No me digas que has venido para llevarte a Juninho a la Briosa! ¡Aún es pequeño! —exclamó Pai.

—De acuerdo, no te lo digo —bromeó Betinho.

—Bien. Menos mal. Por un momento me he preocupado.

—No, no me lo llevaré a la Briosa —aclaró Betinho—. Quiero que entre en el Gremetal. Tienen un buen equipo de fútbol sala y un programa de entrenamiento excelente. Puede llegar a ser un equipo de fútbol sala *magnífico* —añadió—. Con Juninho. —Betinho se refería a la *Escolinha de Futsal* de Gremetal, una organización deportiva de São Paulo creada por un grupo de científicos brasileños aficionados al fútbol con la intención de sacar a los niños de las calles.

—¿Lo aceptarán? —preguntó Pai.

Betinho sonrió. Hacía ya mucho tiempo que venía planeándolo.

—Ya han dicho que sí. Voy a llevar al Gremetal a varios niños. Si Juninho responde bien, más adelante pasará al Briosa, y quién sabe, quizá algún día lo veamos jugar en el Santos.

El Santos FC era el legendario club de la ciudad, uno de los mejores de Brasil. Todo el mundo lo conocía como el «Peixe», el «Pez». Antiguamente sus adversarios se burlaban de los jugadores llamándolos «pescadores» en sus cánticos. Los integrantes del Santos FC dieron la vuelta al insulto y pasaron a autodenominarse el «Peixe». El sobrenombre arraigó. El Santos era el club que más éxitos cosechaba en la liga brasileña. Han sido campeones nacionales ocho veces, distinción que sólo ha conseguido el Palmeiras.

—Lógicamente tenemos que ir paso a paso —explicó Betinho—. El Gremetal será el primero de esos pasos.

—Pero ¿los niños del Gremetal no son mayores que él? —planteó Pai.

—¿Y qué? Podrá con ellos. Seguro que lo hará muy bien —respondió Betinho.

—¿Quién lo hará muy bien? —intervino Juninho, que en ese momento salió al jardín y fue a sentarse con ellos en la hierba.

—Tú —respondió Betinho—. Estamos hablando del Gremetal. ¿Lo conoces?

—Claro —contestó Juninho—. Es un equipo de fútbol sala.

—Será tu equipo de fútbol sala —aclaró Betinho—. Si quieres.

Juninho se quedó pasmado.

—¡Qué bien! —exclamó, pero de pronto se interrumpió y asomó a su rostro una expresión de preocupación—. Pero ¿y mis amigos?

—Estará Dudu —aseguró Betinho.

—¡Estupendo! —dijo Juninho, y echó a correr por el césped regateando con un balón.

—El plan —anunció Betinho, volviéndose hacia Pai— es llevar allí a diez u once de mis mejores jugadores. Ser el entrenador de la Portuguesa Santista me da derecho a decidir quién se presenta en el Gremetal y quién es aceptado —explicó Betinho—. Y cuando Juninho esté preparado, tendré un sitio para él en la Briosa.

Juninho resbaló por la hierba y fue a detenerse junto a los dos hombres.

—¿De verdad voy a ir a ese equipo?

—Sí, Juninho, vamos a armar un poco de jaleo. A ganar copas —puntualizó Betinho—. Jugarás con el primer equipo sub-11 que se forme en el Gremetal.

—¡Será el primer equipo de fútbol sala de Santos! —auguró su padre. Se lo veía feliz.

—¿Decidido, pues? —preguntó Betinho.

—Trato hecho —aseveró Pai, y estrechó la mano a Betinho.

—Y tú haz lo posible para que yo siga siendo el entrenador —añadió Betinho, desplegando una sonrisa. A continuación, se encogió de hombros—. No nos conviene que haya cambios a medio camino.

Pai sonrió.

—Eres demasiado listo para mí, Betinho —dijo—. ¡Claro! Sin Betinho, no hay Juninho.

Satisfecho, Betinho abrazó a Pai.

—Por cierto, quiero darte las gracias.

—¿Por qué? —preguntó Pai.

—Seguí tu consejo: he dejado a los niños jugar con las dos piernas.

Pai abrazó a su amigo.

—Gracias por decírmelo. Para un perro viejo, debe de ser difícil aprender trucos nuevos. —Sonrió.

—Muy difícil —coincidió Betinho.

Al día siguiente Betinho ocupó su puesto de entrenador en la Portuguesa Santista y se llevó a varios niños al Gremetal.

Juninho alzó la vista ante el edificio del Gremetal. No podía creerse que él estuviera realmente allí. Sabía que el fútbol era divertido, pero no se esperaba que lo fuera cada vez más. Le encantaba practicar el deporte preferido de la mayoría de los brasileños, y precisamente era su amor y su pasión por el fútbol la razón por la que sobresalía. Se había abierto camino a base de jugar bien, pero él tenía algo más, o al menos así lo veía Betinho. A su juicio, Juninho poseía el don que algún día devolvería la creatividad y el espíritu libre que, en su opinión, faltaba en el fútbol brasileño desde hacía unos años. Hablaba de ello a menudo, y Pai movía la cabeza en un gesto de asentimiento.

Allí, ante el edificio del Gremetal, Juninho no movía un músculo. Se limitaba a mirar la fachada con cara de veneración.

—¿A qué esperas? —preguntó Betinho—. Entremos.

Pocos minutos después Juninho, luciendo la camiseta del Gremetal, amarilla con cuello verde, y el número 14 a la espalda, cruzó el campo de punta a punta como una flecha, con el balón pegado a los pies, y cuando dos defensas le salieron al paso, realizó un potente disparo en dirección a ellos. El balón pasó por encima de los dos jugadores y, en el último momento, imitando la trayectoria de una hoja, cambió de dirección y entró en la portería.

Perplejo, Alcides Júnior Magri, el entrenador del Gremetal, se volvió hacia Betinho.

—¡A los nueve años ya sabe hacer una *folha seca* como si llevara años practicándola!

—Lleva años practicándola, Júnior, créeme —dijo Betinho con orgullo—. Nació con este deporte ya totalmente grabado en la psique.

—¿En la psique? A saber qué será eso —comentó Magri—. ¿Qué más puedo hacer por ti?

—Puedes avisarme —respondió Betinho, y Magri lo miró desconcertado—. Avísame antes de pasarlo al sub-13.

El entrenador Magri se rió y dio una palmada en la espalda a su amigo.

—Me lees el pensamiento.

Y en ese momento Juninho marcó otro gol.

De camino a casa, el niño no paró de hablar. Le encantaban sus nuevos compañeros de equipo y anhelaba participar en partidos de verdad con equipos de verdad en campeonatos de verdad.

10

Noche de velas

—¡Ve a por las velas! —vociferó Pai cuando Juninho y él salieron de la cocina de la casa a oscuras.

Acababan de sentarse a cenar cuando se fue la luz. En cuanto la casa se sumió en la oscuridad, todos se olvidaron de la comida servida en la mesa.

Nadine no podía moverse. Estaba paralizada en su silla. Sabía que eso iba a suceder.

Juninho volvió a toda prisa con dos velas enormes y las dejó en la mesa. Pai entró poco después con más velas y las encendió todas. Pronto la luz de las llamas parpadeaba en la cocina. El sonoro canto de las chicharras entraba por las ventanas abiertas y las sombras de Juninho y Pai se proyectaban en el césped del jardín trasero en forma de vacilantes ondas y duendes imaginarios.

—¡Perfecto! Esto ya está mejor —anunció Pai, orgulloso, y lanzó una mirada a Nadine.

Ella lo miró con el entrecejo fruncido. «¿Cómo puede estar mejor?», pensó, pero se mordió la lengua. Era difícil encontrar trabajo, y el dinero escaseaba, a pesar de su aportación a la economía de la casa mediante el trabajo en la guardería. Entre los dos tenían cuatro empleos y, aun así, no les llegaba el dinero para el recibo de la luz. La compañía les había cortado el suministro por impago. Eso la deprimía. Fingía estar bien, pero no lo estaba, y Pai lo sabía.

—¡Esto es fantástico! —exclamó Juninho, y Rafaella soltó una risita. La niña se apartó de la mesa, bailó con Juninho delante de las velas y señaló sus sombras, que se extendían por el césped del jardín como gigantescas sombras chinescas.

Nadine miró a su marido por encima de la mesa y sonrió.

—No tienes tú la culpa —afirmó.

Pai alargó el brazo, le cogió la mano y le dio un apretón.

—Ya lo arreglaré, no te preocupes —aseguró Pai, pero para él aquello no sólo era deprimente: era humillante.

Ella sabía que los dos iban en el mismo barco, y cuando él le cogió la mano, se sintió mejor. Quiso sonreír, pero sencillamente no estaba preparada. Al menos, todavía no. Aun así, era difícil quedarse indiferente ante el baile de los niños. Encantados con las velas, convirtieron el incidente en un juego divertido, y la diversión era contagiosa.

Juninho y Rafaella cogieron a sus padres de la mano, los obligaron a levantarse y bailaron con ellos. No había música, pero Juninho la oía en su cabeza. El mismo ritmo alegre que oía cuando jugaba al maravilloso deporte del fútbol. La brisa agitaba las llamas de las velas en la pequeña cocina, y sus sombras danzaban desenfrenadamente, deslizándose sobre las ventanas y más allá.

Pai se acercó a Nadine y la rodeó con el brazo. Ella apoyó la cabeza en su hombro y observaron a sus hijos mientras éstos sacaban provecho de una situación desagradable.

—Y pensar que he creído que éste era el peor día de mi vida —dijo Nadine, acurrucada contra su marido.

Pai sonrió.

—Hay que reconocer que la situación tiene algo de divertido —contestó.

Poco después Pai acompañó a Juninho a la cama, con Rafaella en brazos, profundamente dormida. Tras arroparla, se acercó a la cama de Juninho y lo arropó también.

—¿Papá?

—¿Sí, hijo? —respondió Pai.

—Algún día construiré en Praia un sitio donde puedan jugar los niños. Y no se irá nunca la luz.

—Excelente idea, hijo —comentó Pai.

—¿Papá?

—¿Mmm?

—Me encanta el fútbol.

—Ya lo sé. A mí también. ¿Quieres volver a oír aquella historia sobre el fútbol?

—¡Sí! —Le brillaron los ojos de entusiasmo.

—Hace muchos años —empezó a contar Pai—, antes de que tuviéramos que adaptar nuestro juego al de los europeos y el resto del mundo, jugábamos de una manera que sólo conocían los brasileños. Pelé la conocía. Y Garrincha y Zico y Didi, y muchos más. Era la manera de jugar de la *Seleção*, nuestro combinado nacional. Y la selección siempre ganaba. Pero cuando tuvimos que competir con Europa, empezamos a cambiar de estilo y perdimos algo. ¿Te acuerdas de cómo se llamaba esa manera de jugar?

—*Ginga!* —respondió Juninho al instante. Había oído contar esa historia a su padre cientos de veces, pero nunca se cansaba de ella. La *ginga* era la base de la *capoeira*, un arte marcial brasileño que mezclaba la danza, la acrobacia, la música y el combate. Cuenta la leyenda que los esclavos africanos la llevaron a Brasil como una especie de práctica deportiva. En realidad era una técnica de combate, y en la selva tropical los esclavos camuflaban la lucha presentándola como un baile para que sus amos no los ejecutaran. Cuando el fútbol llegó a Brasil, la población lo impregnó de la tradición de la *capoeira*. Es un estilo de juego distinto al de cualquier otro país del mundo.

—Exacto, *ginga* —corroboró Pai—. La *Seleção* ya no juega así. Pero no debemos olvidar ese estilo, hijo.

—No lo olvidaré, papá. Es lo que me has enseñado —dijo Juninho.

—Te lo he mostrado, pero no te lo he enseñado. Lo llevamos en la sangre. Y debes estar preparado para cuando te toque jugar con la *Seleção*.

Juninho alargó los brazos, rodeó el cuello de su padre y lo estrechó con fuerza.

—Estaré preparado —susurró.

—Mírame —dijo su padre, y el niño obedeció—. Escúchame bien. Un día jugarás con la *Seleção*.

Juninho se emocionó sólo de pensarlo, y la cicatriz de su frente se hizo más visible.

Al verla, Pai recordó que Juninho era un regalo. Contuvo las lágrimas. Una sombra se proyectó sobre él. Dirigió la mirada hacia la puerta, y allí estaba Nadine, escuchando. Su mujer se acercó y le tendió la mano. Pai la aceptó, y ella lo ayudó a ponerse en pie. Los dos se marcharon a su habitación.

Por la mañana, Pai y Nadine, para alivio suyo, pudieron prescindir de las velas porque el sol ya daba luz más que suficiente. Juninho y Rafaella, en cambio, se morían de ganas de que llegara la noche para reanudar su aventura nocturna al resplandor de las velas.

11

Neymar Júnior

Juninho y su familia estuvieron sin luz durante una semana hasta que la compañía eléctrica por fin les restableció el suministro, gracias al Gremetal, que pagó las facturas. Pai fue a expresarles su profundo agradecimiento, pero ellos no quisieron ni oírlo. Consideraban que estaban obligados a ello porque ésa era su misión como organización. El bienestar de los niños y sus familias siempre era una prioridad. Y Juninho era especial para ellos. Ese niño jugaba de maravilla. En los meses posteriores cada balón que tocaba Juninho se convertía en oro, y el Gremetal ganó todos los campeonatos en los que participaba. Juninho sólo tenía once años cuando lo pasaron al sub-13.

—Juninho no puede seguir con nosotros para siempre —dijo el entrenador Alcides a Betinho, aunque éste no necesitaba que se lo explicaran. La razón por la que se requería la presencia de Juninho en el equipo de la siguiente categoría caía por su propio peso: era un fuera de serie—. Con él en el sub-13, tenemos la posibilidad de ganar unos cuantos títulos antes de que se marche.

—¿La posibilidad? —Betinho se echó a reír—. ¡Seguro que ganaréis!

Juninho se sentía muy a gusto en el equipo nuevo. Léo Dentinho, un niño a quien conocía bien, formaba parte del equipo. Se hicieron íntimos amigos y empezaron a disfrutar jugando juntos nada más pisar el terreno de juego por primera vez. Juninho y Léo entrenaban tres días por semana. Lo que Léo Dentinho no sabía, Juninho se lo enseñaba. Se complementaban mutuamente.

En el Gremetal se comía a las doce, y en cuanto Alcides hacía sonar el silbato, todos los niños abandonaban el campo y se echaban a correr para ver quién llegaba primero al comedor.

—¡Id a comer! —ordenaba el entrenador Alcides a Juninho y Léo.

—¡No, gracias, entrenador! —respondía Juninho—. Vamos a practicar un rato.

Seguían practicando, y después comían los bocadillos que dejaban los demás niños que sí se habían ido a almorzar.

Juninho mejoró mucho jugando con los mayores. Y, tal como predijo Betinho, su ascenso de categoría dio fruto.

En la final contra el Santos, Juninho corría por la izquierda. Léo, desde la derecha, le hizo llegar el balón lanzándolo de banda a banda. Juninho se lo devolvió con un magnífico pase, y Léo mandó el balón al fondo de la red por el lado izquierdo de la portería. Pocos minutos después Léo recibió la pelota y lanzó otro misil hacia Juninho, de banda a banda. Sin dejar de avanzar por el campo, Juninho se la devolvió, y Léo, con el número 10 a la espalda, de nuevo la coló entre los palos mediante un tiro con efecto. A continuación, ya en los minutos finales del partido, Juninho y Léo realizaron otra pared, y cuando Juninho tuvo de nuevo el balón en los pies, superó a su marcador y clavó el balón en la red, marcando así el último gol. Ganaron el primer título de su historia, la Copa *Uniligas*, 3-1.

Fino, el jefe del cuerpo técnico de la Portuguesa Santista —también llamada Briosa— estaba viendo el partido. Su equipo competía en segunda división, y la categoría cadete sería ideal para Juninho. Cuando el árbitro hizo sonar el silbato, Fino se acercó a Betinho.

—Lo quiero en mi equipo —dijo.

—Déjame hablar con los padres —contestó Betinho. Ya se lo veía venir, y sonrió. Todo estaba saliendo tal como él había previsto.

En el coche de Betinho recorrieron la Avenida Ana Costa desde el mar, doblaron por la Rua Joaquim Tavora hacia la Avenida Senador Pinheiro Machado y entraron en el aparcamiento de tierra que colindaba con el modesto Ulrico Mursa Stadium y el recinto deportivo de la Portuguesa Santista. Pocos minutos después Juninho contemplaba boquiabierto el estadio con aforo para 10.000 personas. A sus ojos, era enorme y hermoso. Tenía hierba de verdad, y el terreno de juego y las gradas se le antojaron magníficos. Se moría de ganas de jugar allí.

—¿Qué te parece? —preguntó Betinho. Llevaba una bolsa de una tienda. Juninho intentó ver qué contenía, pero Betinho no se lo permitió.

—Es impresionante —contestó por fin Juninho. Ya había estado allí antes, con su padre, pero sólo como espectador.

Detrás de los edificios estaba la pista de fútbol sala donde jugaría, junto con otro campo más pequeño y una piscina. Tenía que esperar a cumplir los doce años para dejar el fútbol sala y pasar a jugar en campos mayores, pero para eso ya no les faltaba mucho tiempo.

Neymar coge en brazos a un niño que entró en el campo en el encuentro amistoso disputado por Brasil y Sudáfrica el 5 de marzo de 2014.

Neymar ejecuta un saque de esquina. Partido Brasil/México de la Copa del Mundo de la FIFA en Brasil, 17 de junio de 2014.

Neymar durante una conferencia de prensa en la Copa del Mundo 2014. 2 de julio de 2014.

Neymar celebra un gol que anotó en el encuentro Barcelona FC/Celtic de Glasgow en un partido de la Champions League (Liga de Campeones) disputado el 11 de diciembre de 2013.

Neymar cabecea por encima de Rafael Márquez en el encuentro Brasil/México de la Copa del Mundo de la FIFA en Brasil, 17 de junio de 2014.

Leo Messi celebra con Neymar un gol que acaba de anotar en el Camp Nou de Barcelona el 18 de agosto de 2014.

Scolari, el entrenador de Brasil, se abraza con Neymar en el encuentro inaugural contra Croacia de la Copa del Mundo 2014. 14 de junio de 2014.

Neymar controla el balón perseguido por Allan Nyom en el encuentro Brasil/Camerún de la Copa del Mundo 2014. 23 de junio de 2014.

Neymar dribla a un contrario en el encuentro Brasil/México de la Copa del Mundo de la FIFA en Brasil. 17 de junio de 2014.

Neymar celebra tras anotar un gol contra Panamá durante un encuentro amistoso disputado en el estadio Serra Dourada de Goiana, Brasil. Martes, 3 de junio de 2014.

—¿Está muy lejos de aquí el Urbano Caldeira? —preguntó.

Betinho soltó una carcajada. Ese niño estaba a punto de jugar en el campo de la Portuguesa Santista y ya tenía la mira puesta en el gran estadio situado calle arriba, pensó.

—A dos manzanas —respondió—. Y no te preocupes, Juninho. Ya llegarás.

El Urbano Caldeira era el estadio del *Peixe*, el Santos Futebol Clube.

Juninho se encogió de hombros.

—Yo ya he estado. Con mi padre.

—Entonces Pelé debe de ser tu héroe, ¿no? —comentó Betinho.

—No está mal —contestó él con un titubeo.

Betinho se rió. Pelé, el rey del fútbol, el símbolo del fútbol brasileño, el mejor jugador de la historia, era el mayor goleador de todos los tiempos en el Santos y quien más veces había vestido la camiseta del equipo. ¿Y Juninho piensa que no está mal?

—Tengo otros héroes. —Juninho se encogió de hombros.

—De acuerdo, pero hablando de equipos, el Santos sigue siendo tu preferido, ¿no?

Juninho negó con la cabeza.

—Soy del Palmeiras —declaró con una sonrisa.

—Pero ¿qué dices? —replicó Betinho, atónito.

—Tú me lo has preguntado —repuso él con un gesto de indiferencia.

—De sobra sabes que eso es una herejía, pero ¡te prometo que no le diré a nadie que eres del Palmeiras!

Esta vez fue Juninho quien se echó a reír.

—¡Más te vale! —Allí todo el mundo tenía que ser hincha del Santos.

—¿Y qué me dices de Ronaldo? —preguntó Betinho, sonriente.

Ronaldo Luís Nazário de Lima, apodado el Fenómeno, era la mayor estrella brasileña de su época, un magnífico delantero de cuya mano la selección brasileña acababa de ganar la Copa del Mundo de 2002.

—Es el mejor —respondió Juninho—. Algún día me gustaría ganar un Mundial como él.

—Así me gusta oírte hablar —dijo Betinho—. Mira, antes tenías curiosidad por ver qué llevo en esta bolsa.

Abrió la bolsa, metió la mano y sacó una camiseta blanca inmaculada de la Portuguesa Santista que llevaba a la espalda el nombre *Neymar Jr.* y el número 10.

Juninho no se lo podía creer. Se quitó la camiseta que llevaba puesta y se puso la nueva. Le quedaba perfectamente y, orgulloso, hinchó el pecho.

—¡Me encanta! ¡Muchas gracias!

Betinho, que quería a Juninho como si fuera su propio hijo, lo abrazó. No conocía a ningún otro niño tan apasionado por el fútbol como él.

—Te la has ganado.

Pasado un año, en 2004, cuando Juninho ya había cumplido los doce, una unidad móvil de televisión montó sus cámaras y sus focos en el campo de fútbol de la Briosa, preparándose para cubrir el Campeonato Estatal. Aunque nadie conocía a Neymar Júnior, decidió presentarse con un peinado nuevo: cortado al uno con un tupido copete negro en la parte delantera, semejante al pico de un sombrero.

En los compases finales del encuentro, Juninho había acaparado ya la atención de las cámaras. La multitud clamó

«¡NEYYYMMARRRRRRR!» al verlo atravesar una muralla de defensores y lanzar un potente chute a puerta; el guardameta ni vio el balón.

En las gradas, los hinchas prorrumpieron en vítores. Fino se levantó de un salto y abrazó a Betinho. Estaba allí incluso el pastor Lobato, que daba brincos y vitoreaba.

Pai y Nadine permanecieron de pie durante todo el partido, viendo, sobrecogidos, a su hijo marcar un gol tras otro.

—¡Cada vez que toca el balón es como estar viendo un baile exquisito! —exclamó uno de los comentaristas de la televisión ante el micrófono.

Betinho, cerca de la unidad móvil, oía cada palabra que decían sobre su joven genio.

Al principio del encuentro, cuando Juninho salió al campo al trote, las cámaras enfocaban a los demás jugadores, pero al final del partido, él era el centro de atención. El equipo no ganó el campeonato; quedó en segundo puesto. Pero ese día Neymar Júnior dejó su impronta en el campo de la Briosa.

Fino, emocionado, se levantó del banquillo.

—Lo adoran —dijo Betinho, levantando la voz para hacerse oír por encima del bullicio del pabellón abarrotado.

—Gira, zigzaguea, se para y se echa a correr otra vez —mascullló Fino—. Y siempre lleva la pelota pegada a los pies. ¡Es increíble!

—Es verdad que su baile es exquisito, ¿no crees? —preguntó Betinho.

—Yo no puedo enseñarle nada —admitió Fino.

—En ese caso te aconsejo que no te interpongas en su camino —comentó Betinho.

Fino miró a su amigo.

—Posiblemente tienes razón. Es un genio. En cuanto a ti, ya no estoy tan seguro.

Betinho soltó tal carcajada que le tembló todo el cuerpo.

De pronto se quedó de una pieza: acababa de ver a Jose Ely de Miranda, director técnico del Santos FC, conocido en el mundo futbolístico como Zito. Sentado en las gradas, veía el partido. Y tomaba notas.

—¡Zito! —exclamó Betinho—. ¡Qué grata sorpresa!

Zito percibió cierta incomodidad en él.

—No te preocupes —dijo con una sonrisa, y le estrechó la mano a su viejo amigo—. No me lo llevaré todavía. Sólo he venido a verlo jugar.

—¿A quién? —preguntó Betinho, haciéndose el desentendido.

—¿A quién más tienes en el campo que juegue como si fuera a ser la próxima superestrella? —replicó Zito.

Betinho miró a su pupilo con un amor incondicional. Estaba orgulloso del niño. No se sentía así desde que Robinho se abrió paso hacia el estrellato. Aquel primer día en la playa, cuando buscaba a su hijo y en su lugar encontró a Juninho, creyó lo que le dictaba el corazón. Y ahora ahí estaba el niño que él había descubierto, Juninho, a quien los entusiastas hinchas brasileños llamaban «Neymar», que pronto también sería famoso en el mundo entero.

12

Una excelente educación

Neymar contempló el gran edificio de cinco plantas que albergaba el Liceu São Paulo, en la Avenida Ana Costa, pintado con los colores del colegio, rojo y blanco. Pai se hallaba a su lado, y los dos estaban emocionados. Fino, además de ser entrenador de la Briosa, dirigía la sección de fútbol sala de ese colegio privado caro y exclusivo, y consiguió que el director del colegio los recibiera.

Cuando se abrieron las puertas del ascensor con un susurro, Tio Gil, el director, estaba allí esperándolos.

—¡Neymar, cuánto me alegro de conocerte por fin en persona! —dijo a la vez que le tendía la mano—. Bonito peinado.

Neymar Júnior le estrechó la mano. Sonrió a Pai.

—Creemos que está haciendo un trabajo excelente con su hijo, señor Silva Santos —expuso a Pai, y lo condujo a su despacho—. Lo he visto jugar varias veces. —Cerró la puerta cuando entraron.

Tio Gil miró a Neymar.

—Sé que estás jugando muy bien en la Briosa, pero sigues en edad escolar y necesitas una educación. Una buena educación. Y nosotros aquí podemos ofrecértela. —Ahora miraba a Pai—. Así que tengo una oferta para su hijo. Educación gratuita para sus dos hijos a cambio de que Neymar juegue en nuestro equipo de fútbol sala.

—Pero mi hermana no juega al fútbol —intervino Neymar, desconcertado.

—En ese caso tengo dos buenas noticias —respondió el director—. Una es que tú juegas. La otra es que tu hermana no juega. Y aquí todo os sale gratis. Queremos daros una beca a los dos.

—Pero jugaría en su equipo de fútbol sala, no en hierba —señaló Neymar.

Tio Gil sonrió.

—Claro. —Se rió—. Entiendo que has trabajado mucho para llegar al campo grande de la Briosa, y eso nadie podrá quitártelo. Yo sólo espero que también juegues en nuestro pequeño equipo de fútbol sala. Para nosotros es muy importante. Se acerca un campeonato y también otros partidos. Nuestro equipo no acaba de despegar, y creemos que contigo las cosas podrían cambiar.

Neymar miró a su padre y luego otra vez a Tio Gil.

—Me encanta el fútbol sala, señor —dijo Neymar—. Pero aquí no conozco a nadie.

Pai no se podía creer que su hijo dijera esas cosas.

Tio Gil adoptó una expresión seria.

—Creo que conoces al menos a uno de nuestros alumnos —afirmó—. O eso me han comentado Betinho y Fino. Se llama Dudu.

—¡¿Dudu está aquí?!

Tio Gil se echó a reír y asintió.

Neymar respiró hondo.

—¿Cuándo empiezo?

—Ahora mismo —contestó Tio Gil, y se puso en pie—. ¡Bienvenido al Liceu São Paulo!

Tio Gil rodeó la mesa, estrechó la mano a Neymar Sénior y a Neymar Júnior, y les abrió la puerta. Betinho y Fino, que estaban escuchando detrás, casi se cayeron de bruces.

A partir de ese día la vida de Neymar cambió. Pasó de una educación pública normal y corriente en Praia Grande a una educación de primera en São Paulo. El colegio no reparaba en gastos para contratar a los mejores profesores de Brasil. Neymar no habría podido recibir una educación así en ningún otro sitio. Pero seguía teniendo dificultades con las matemáticas. Y ahí intervino Dudu.

—Mira, atiende —le pidió Dudu mientras recorrían a toda prisa el pasillo del tercer piso del Liceu São Paulo camino del aula. Abrió el libro de matemáticas y mostró a Neymar un ejercicio. En el Liceu todo era rojo y verde, incluso las paredes y el número 10 de la camiseta de Neymar.

—Un entero positivo mayor que uno y divisible por uno y por sí mismo —dijo Dudu—. ¿Qué es?

Neymar lo pensó por un momento y contestó:

—Un número primo.

—¡Correcto! —respondió Dudu, y chocaron los cinco.

—Puede que mi padre sea el mejor maestro de fútbol del mundo —comentó Neymar cuando llegaron a la puerta del aula—. Pero tú eres el mejor maestro de matemáticas.

—¡Por fin! —dijo Dudu—. Ya hay algo que se me da mejor que a ti. —Él llevaba el número 11 en la camiseta. Entraron en el aula.

Neymar ocupó su asiento. Las matemáticas eran una cruz para él, a pesar de que podía calcular mentalmente dónde estaba situado cada jugador en el campo en cualquier momento dado. Eso era álgebra pura, y se le daba bien. Pero para aprobar necesitaba dominar otra clase de conocimientos en la materia. Y en eso Dudu destacaba.

Ese día tenían un examen, y la señora Rinaldi, su profesora de matemáticas, ya copiaba apresuradamente los ejercicios en la pizarra con una tiza rota de color rosa.

Una hoja en blanco aguardaba a Neymar en su pupitre. Observó a la señora Rinaldi, que seguía escribiendo en la pizarra, y se dio cuenta de que sabía de qué iba. Gracias a Dudu.

Después del examen, Dudu esperó a Neymar en el pasillo.

—¿Ha ido bien? —preguntó.

—Digamos que al menos no me he quedado en blanco.

—¡Algo es algo! —exclamó Dudu—. Y ahora vamos al entreno.

Más tarde ese mismo día, durante el entrenamiento de la Briosa, Betinho pidió a Neymar que se acercara con una seña. Lo acompañaban dos hombres trajeados: los mismos que habían visto jugar a Neymar dos semanas antes en el campo de fútbol sala de la Portuguesa Santista.

—Juninho, quiero presentarte al señor Rodrigues y al señor Vieira.

Neymar les tendió la mano.

—Es un placer conocerte, Neymar —dijo Rodrigues, y le estrechó la mano al niño—. ¿O prefieres que te llame Juninho?

Neymar examinó a los dos hombres atentamente.

—Neymar Júnior —contestó.

—Bien —convino el hombre—. Te vimos jugar cuando los hinchas entonaron tu nombre. Sobre todo las niñas. Nos impresionó lo mucho que te quieren.

—Pero más nos impresionó aún lo bien que jugaste —intervino Vieira.

—¿Han venido a verme a mí, pues? —aventuró Neymar.

—A verte. A hablar contigo. Y a preguntarte si te interesaría jugar para el Meninos da Vila.

Neymar ahogó una exclamación. El Meninos da Vila era la Academia Juvenil del Santos FC.

—Me parece que ha dejado al señor Neymar Júnior sin habla —bromeó Betinho.

—¿Se re-refiere al Santos? —preguntó Neymar.

Rodrigues asintió.

—¿Te interesa?

—¿Lo dice en serio? ¡Es un sueño hecho realidad! —contestó, dando brincos de entusiasmo.

Vieira lanzó una mirada a Betinho y luego volvió a fijar la atención en Neymar.

—Nuestro amigo Zito, el director técnico del Santos, te vio jugar. No para de hablar de ti.

Neymar estaba tan emocionado que se le anegaron los ojos en lágrimas y no pudo contenerlas. En el campo el árbitro hizo sonar el silbato. Neymar se dio media vuelta y salió disparado hacia el terreno de juego, donde lo esperaba su amigo Dudu.

Betinho y los hombres del Santos lo observaron bailotear alrededor de Dudu. Agitaba los brazos y decía a gritos algo que ellos no oían. Pero, fuera lo que fuese, el hecho es que Dudu se tiró a la hierba y se retorció como un pez que acabara de picar el anzuelo. Los dos niños se tronchaban de risa.

También Betinho, Rodrigues y Vieira se rieron.

—Gracias por invitarnos a venir —dijo Rodrigues a Betinho—. Esperamos tenerlo muchos años con nosotros.

Mientras los dos hombres seguían allí, llegó Pai del trabajo y se reunió con ellos en la línea de banda. Sabía quiénes eran y la razón de su visita, porque ya había negociado las condiciones del acuerdo.

—Miradlo —les pidió, señalando a su hijo, que seguía brincando como una liebre—. No puede controlarse. ¿Qué le habéis hecho a mi hijo?

—No es lo que le hemos hecho —respondió Betinho—. Es lo que *vamos* a hacer con él. Vamos a convertirlo en una estrella.

—Vamos a hacerle un contrato por cinco años con el *Peixe* y algo más de doscientos dólares al mes —dijo Vieira con toda naturalidad mientras rebuscaba en su maletín de cuero y sacaba el contrato—. Todo lo que usted ha pedido, señor Silva Santos.

—Eso significa que ya no tendrás que trabajar tanto, Pai —intervino Betinho—. Y Nadine podrá quedarse en casa.

Pai permaneció impasible. No era momento de dejarse llevar por las emociones. Movió la cabeza en un gesto de asentimiento.

—Betinho forma parte del trato —señaló.

—Claro —coincidió Rodrigues.

—Y yo también —insistió Pai.

—Desde luego. ¿Qué sería de él sin ustedes dos? —preguntó Rodrigues.

Pai miró a Betinho. Todo iba según lo previsto. Pero mucho más deprisa de lo que esperaban.

13

El entreno después del colegio

En Jardim Glória la bruma ascendía desde el mar por la ladera de la montaña y envolvía la cima. El petardeo del motor de dos tiempos de la moto de Pai traspasaba el denso silencio de primera hora de la mañana mientras Pai avanzaba por las calles de Praia Grande, cruzaba el río hasta São Vicente y enfilaba la Avenida Ana Costa hacia el colegio de su hijo, el Liceu São Paulo. Circulando entre el tráfico de la mañana, Neymar, fuertemente sujeto a la cintura de su padre con los dos brazos, se inclinaba en cada giro.

—¡Más deprisa! —gritó Neymar.

Pai se rió de su hijo, siempre deseoso de emociones. Cuando llegó a la altura del Liceu, detuvo la moto cuidadosamente y Neymar se apeó.

—Nos vemos a la salida del colegio —se despidió Pai.

—Esta vez vayamos al Santos por otro camino —propuso Neymar—. El largo.

—Bien, trato hecho —respondió Pai. Desde la firma del contrato con los juveniles del Santos, Pai llevaba a su hijo al colegio y después al entreno todos los días—. Quieres ir más tiempo en moto, ¿eh?

Neymar negó con la cabeza.

—No, quiero estar más tiempo contigo —contestó, y se colgó la mochila al hombro—. Nos vemos después de clase.

Trotó hasta la verja y se reunió con Dudu. Los dos desaparecieron entre la multitud de alumnos.

Después de clase, Neymar observó al equipo de su colegio prepararse para el entreno mientras esperaba a su padre. El profesor de gimnasia del Liceu, Fuschini, atravesó la cancha a toda prisa esquivando a los jugadores. Subió a las gradas y se sentó a su lado.

—Todo el equipo te admira, ¿sabes? —dijo.

—Gracias, señor Fuschini —respondió Neymar.

—Les encanta jugar contigo en los partidos —continuó Fuschini.

—A mí también —admitió Neymar, consultando el reloj—. Tengo que irme. Mi padre debe de estar esperándome fuera. —Se levantó.

—Los partidos son una cosa —continuó Fuschini—. El entreno… ahí donde los jugadores se conocen de verdad, ¿no te parece?

—Sí, supongo que sí —contestó Neymar distraídamente, deseoso de marcharse.

—El otro día hablé con varios chicos. Lamentan no entrenar contigo.

—¿Han dicho eso? —Neymar pareció sorprenderse.

—Creen que no te gusta entrenar con ellos. Como si fueras demasiado bueno para ellos.

—Eso no es verdad, señor —replicó Neymar.

—Como he dicho: te admiran —repitió Fuschini.

—Pero ¡no puedo entrenar! ¡Tengo que ir a Vila Belmiro! —exclamó Neymar.

—Sólo estoy diciéndote lo que querrían algunos de ellos, nada más. Ya sé que tienes que ir —aclaró Fuschini.

Tras esta conversación, Neymar se sintió mal.

Pai apareció en lo alto de la escalera y buscó alrededor hasta que por fin localizó a su hijo en las gradas próximas a la pista.

—¡Juninho! ¿Qué haces? ¡Llegamos tarde!

Neymar miró a su padre y luego a la cancha, donde cruzó una mirada con Dudu. Se volvió hacia Fuschini y tomó una decisión. Se puso en pie y dejó la mochila en el suelo.

—¿Hoy puedo hacer campana, papá?

—¿Hacer campana? —preguntó Pai mientras bajaba entre las hileras de asientos en dirección a su hijo—. ¿Cómo que «hacer campana»?

—Quiero entrenar con los chicos —explicó Neymar—. Hace mucho que no me quedo.

Pai se detuvo y miró el terreno de juego. El equipo había interrumpido los ejercicios de calentamiento y todos permanecían inmóviles, pendientes de cada una de las palabras de padre e hijo. En ese momento Pai comprendió que querían que Neymar se quedara. Y Neymar comprendió que quería estar con ellos.

Fuschini fingía escribir algo en un cuaderno. Tendía a dejar que los chicos resolvieran esas cosas por su cuenta, después de darles él su opinión. Pero escuchaba atentamente.

—¿Sabes qué te digo, hijo? Me parece una idea *excelente* —respondió por fin Pai.

En la cancha todos los niños prorrumpieron en una ovación, que reverberó en todo el pabellón.

Neymar bajó saltando los peldaños de dos en dos y saltó a la pista. Sus compañeros de equipo enseguida lo rodearon.

—Bien, ¿quién sabe qué es *dar um chapéu?* —preguntó.

Se levantaron varias manos.

Empezó un partido amistoso. Dudu era el capitán de uno de los equipos, y Neymar el del otro. Dos rivales acudieron a marcar a Neymar en cuanto se movió, pero él logró apoderarse del balón igualmente y puso la directa hacia la portería contraria. Los defensas intentaron en vano cortarle el paso. Él les hizo un sombrero y, pasando entre ellos, recuperó el balón en el momento en que éste caía a sus espaldas.

—¡*Eso* es un *dar um chapéu*! —afirmó a voz en cuello.

Dudu se rió. En lo que se refería a habilidad, nadie estaba a la altura de su amigo. Lo estaba demostrando allí, en el terreno de juego, justo en esos momentos.

El portero salió de su área, pero la pelota le pasó entre las piernas en un túnel perfecto y entró entre los palos sin que pudiera evitarlo.

—*Dar um caneta!* —exclamó Neymar—. ¡Un caño!

La mitad de los chicos dejaron de jugar y se quedaron mirando a su compañero, aquella superestrella, realizar las jugadas.

—¡Jugad! —ordenó Fuschini a gritos desde la banda.

—¡No podemos evitarlo, entrenador! —respondió un jugador mientras Dudu pasaba corriendo a su lado y lanzaba el balón a Neymar.

—¡Es increíble! —comentó otro.

Después del entreno, los chicos se acercaron todos a Neymar y lo rodearon.

—Gracias por entrenar con nosotros —dijo Dudu, y los demás chicos asintieron—. Esto ha sido como jugar con la *Seleção.* Vaya locura pretender que entrenaras con nosotros.

Neymar sonrió y les estrechó la mano a todos.

—Me lo he pasado muy bien. Y quiero que sepáis que soy uno más del equipo, y es así como me veo. Recordadlo. —Era eso lo que su padre siempre le había enseñado, desde que era pequeño y jugaba en la calle—. Ahí en el terreno de juego todos somos iguales y todos queremos lo mismo, ¿no?

—¡Ganar! —exclamó Dudu.

Y todos prorrumpieron en vítores.

Fuschini se quedó en la línea de banda, observando a su equipo. A continuación se apoyó en la barandilla y, complacido, sonrió para sí.

Pai esperaba en la puerta, y cuando Juninho pasó a su lado, chocaron los cinco. Acto seguido, los dos abandonaron el pabellón por ese día.

14

Madrid

No mucho después de la incorporación de Neymar al equipo sub-13 del Santos FC en 2004, Antonio Lima dos Santos, más conocido como Lima, hablaba ya de crear una formación sub-15. Lima, antiguo delantero del Santos, había vestido la camiseta del equipo en más de setecientos partidos. Como nuevo entrenador del Santos, mantenía continuas conversaciones con Zito. Tenían que mantener vivo el reto para su nueva estrella, Neymar. En la organización del Santos, todos sabían que Neymar siempre daba más de sí cuando jugaba con equipos que estaban por encima de su franja de edad. Recibía continuas ofertas de clubes de todo el mundo. El Santos debía retener a Neymar y dejarlo madurar hasta que tuviera edad para formar parte del primer equipo.

Neymar trababa amistades con facilidad, y él y Paulo Henrique Ganso, a quien apodaban cariñosamente P. H., no tardaron en hacerse íntimos amigos cuando el centrocampista ofensivo llegó al Santos procedente del Paysandu en 2005. P. H. era el compañero perfecto en el campo para Neymar, y los dos juntos formaban una pareja de juego extraordinaria.

Al cabo de pocos meses Neymar contrató a un agente, Wagner Ribeiro. Casi exactamente un año después, en 2006, Ribeiro entregó a Neymar una carta en mano del Real

Madrid. Incluía dos billetes de avión a España para Neymar Sénior y Neymar Júnior.

El secretario técnico del Real Madrid, Ramón Martínez, que había oído hablar del genio de Mogi das Cruzes a través de sus ojeadores brasileños, quería ver al chico de catorce años y hacerle una prueba. Martínez convenció a su nuevo jefe, Fernando Martín, para que les pagaran el viaje en avión a Madrid. Betinho juró mantener el secreto. El Santos no debía enterarse. Si le preguntaban algo, no podía levantar la liebre.

Cuando llegó el gran día, Betinho los llevó al aeropuerto.

—Tú tranquilo —aconsejó Betinho—. Pásatelo bien. Y saluda a Fernando Martín de mi parte.

—¿Lo conoces? —preguntó Pai.

—No. Por eso quiero que lo saludes de mi parte. Dile: «Betinho te manda saludos», y cuéntale lo que hago y lo mucho que significo para vosotros.

Pai se echó a reír.

La prueba en el campo de Valdebebas, las instalaciones deportivas del Real Madrid, fue todo un éxito, y al día siguiente Neymar y su padre fueron a ver un partido entre el Real Madrid y el Deportivo de La Coruña desde el palco. Cuando el Real Madrid ganaba 4-0, un mensajero entregó a Pai un papel doblado. Pai lo leyó y, estupefacto, se hundió en el asiento. Miró a su hijo y, tembloroso, le mostró la nota.

—¿Qué pasa, papá? —preguntó Neymar.

—Quieren contratarte —contestó—. Tendrán los documentos preparados dentro de tres días. Ahora sólo nos queda negociar el precio.

Neymar sintió un nudo en el estómago. Contempló el campo y respiró hondo. Tenía sus dudas. Sólo tenía catorce años. Estaba asustado, pero se lo ocultó a su padre. No quería decepcionarlo.

Dos días después, el 29 de marzo de 2006, Neymar miró los papeles dispuestos en la mesa.

Pai firmó y entregó el bolígrafo a su hijo, que también plasmó su firma. Al día siguiente, el 30 de marzo, Neymar pertenecía, sobre el papel, al Real Madrid. Sólo faltaba por fijar las condiciones económicas.

Neymar entrenó con Dani Carvajal, un lateral derecho; Pablo Sarabia, un centrocampista; y Alex Fernández, otro centrocampista. Neymar sólo hablaba en portugués, y los demás, todos españoles, sólo sabían español, pero todos ellos entendían el lenguaje del fútbol. Neymar jugó bien y marcó más de veinte goles durante los entrenamientos, pero hacia la mitad del período de prueba, estaba ya profundamente angustiado.

Al final de la semana, en el hotel, Pai se acercó a la cama de su hijo cuando éste estaba a punto de dormirse, como hacía cada noche desde que era pequeño. A los dos les gustaba hablar de lo sucedido durante el día. El pastor Lobato había enseñado a Neymar a repasar el día, y si había obrado mal con alguien, debía rezar por esa persona y buscar la manera de reparar el daño. Con todo, esta vez fue Pai quien habló:

—Aquí todos te adoran —dijo.

—No me adoran a mí. Adoran mi juego —replicó Neymar.

—Exacto —coincidió Pai, sonriente—. Pero ahora debes escucharme. El Real Madrid quiere que te quedes. Han ofrecido pagarte la educación aquí en un colegio privado de élite. A ti y a Rafaella.

—Ya vamos a un colegio privado —repuso Neymar, y miró a su padre a los ojos. Ahí era donde siempre encontraba consuelo y respuestas.

—Ya conozco esa mirada —dijo Pai—. Dime qué te pasa.

—Verás, tú siempre has insistido en que debo decir la verdad, ¿no?

—La verdad y nada más que la verdad —contestó Pai.

—Echo de menos a mamá y a Rafaella. Y a mis compañeros de equipo. Echo de menos el Santos.

Pai se quedó mirando a su hijo largo rato, y al final asintió.

—Yo también los echo de menos, hijo —confesó. Además añoraba a su mujer. Y no se imaginaba viviendo allí. Era una decisión difícil, pero había que tomarla. Sabía que su hijo de catorce años no era feliz en Madrid. No era el de siempre. No sonreía. Y para Pai la felicidad de su hijo era más importante que estar en uno de los mejores clubes del mundo. La intuición le decía que tal vez fuera demasiado pronto para abandonar el Santos y su hogar y trasladarse a España. Sabía que su hijo era un fuera de serie. Así que era mejor dejar que creciera allí donde se sentía más a gusto. Donde era feliz. Y cuando madurara, ya decidiría él mismo cuándo estaba dispuesto a jugar en Europa y dónde.

Juninho se durmió, y Pai se quedó un rato mirándolo mientras dormía. Quería mucho a su hijo, y enseguida supo qué hacer.

Pai telefoneó a Ribeiro, el agente de Neymar en Brasil.

—Es demasiado joven, Wagner. Necesita crecer, y lo mejor para él es su ciudad, y jugar en el Santos.

—Tanto da. En cualquier caso, el Real no está dispuesto a pagar mucho por Juninho —anunció Ribeiro.

Pai soltó una risita.

—Siendo así, arréglalo para que podamos volver a casa. ¿Qué hay que hacer para romper el contrato?

—Te propongo lo siguiente —contestó Ribeiro al otro extremo de la línea—. Les pediré sesenta mil euros.

—¡Eso no lo aceptarán en la vida! —exclamó Pai.

—Exacto —convino el agente.

Al otro día, tras una breve conversación con los directivos del Real Madrid, Ribeiro colgó el teléfono y acto seguido llamó a su cliente para darle la buena noticia. Al final, el Real Madrid había decidido que no se quedaría con Neymar da Silva Santos Júnior.

Juninho, emocionado, quería hacer las maletas de inmediato.

—Otra cosa, Wagner —anunció Pai.

—¿Qué? ¿Quieres viajar en primera? Ya tengo los billetes.

—No —respondió Pai tranquilamente—. Ha llegado el momento de tender el anzuelo al Santos.

Se produjo una larga pausa al otro lado de la línea. El silencio se extendió desde Madrid hasta Brasil.

—Creo que ya sé a qué te refieres. ¿Quieres que llame al presidente del Santos?

—No, eso no será necesario —dijo Pai—. Ya hablaré yo con él.

Siguió otro largo y elocuente silencio.

—De acuerdo, Pai —contestó Ribeiro—. Espero que sepas lo que haces.

—Descuida, lo sé muy bien —afirmó Pai, y colgó.

Al cabo de cinco minutos, Marcelo Teixeira, el presidente del Santos, aceptó la llamada del padre de Neymar. Dos minutos después no salía de su asombro.

—Estamos en Madrid, Marcelo —informó Pai—. Y el Real Madrid quiere a nuestro chico.

Esta vez el silencio fue distinto: el que se produce cuando alguien cae en la cuenta de algo.

—Nos hemos portado bien con tu familia, Pai —dijo Teixeira. No era una amenaza. No podía serlo. Pai tenía todas las cartas en la mano.

—También nosotros nos sentimos parte de la familia en el Santos, Marcelo —admitió por fin Pai—. Nos quedaremos, si hacéis las cosas como es debido.

Teixeira se aclaró la garganta. Sabía exactamente a qué se refería Pai.

—Neymar es como un hijo para mí. Para todos nosotros —afirmó por fin Teixeira—. ¿Cómo voy a negarle algo a un hijo? —Ya sabía que también el Chelsea estaba interesado, y debía atajar todo aquello de raíz.

Al día siguiente, Carlos Martínez de Albornoz, el director general del Real Madrid, sentado en su despacho en actitud pensativa, se preguntó si no acababa de cometer el mayor error de su vida.

Cuando Neymar y su padre volvieron a casa, ocurrieron dos cosas: el Santos creó un equipo sub-15 para retener a su rutilante estrella. Y de la noche a la mañana Neymar se convirtió en millonario cuando firmó con el Santos FC un nuevo contrato de cinco años por 1,2 millones de euros, con una cláusula de rescisión de 45 millones de euros.

15

Neymar Júnior y Ronaldo

El Fenómeno

El 9 de marzo de 2009, Neymar, sentado en el banquillo, no sabía si iba a jugar o no. Su nuevo entrenador, Vagner Mancini, no se lo había querido decir. Esa misma semana, pocos días antes, el Santos FC lo había pasado al primer equipo.

Pai, al enterarse de la noticia, le dio un consejo:

—Cúbrete las espaldas. Esos grandullones querrán hacer contigo *feijoada* de Neymar —bromeó. La *feijoada* era el plato nacional brasileño, un guiso a base de frijoles, ternera y cerdo. Neymar sabía que su padre no hablaba en serio, pero desde luego no sentía el menor deseo de acabar en una enorme olla que en lugar de carne de cerdo contuviera sabrosos trozos de Juninho.

Recorrió las gradas con la mirada, y aunque no veía a sus padres ni a su hermana sabía que estaban en el palco del Pacaembu, el estadio municipal de São Paulo. El Santos jugaba contra el Oeste, el equipo de Itápolis, un pequeño municipio en el centro de São Paulo.

Oyó que los hinchas coreaban su nombre, pero Mancini parecía indiferente a ellos. De pronto, con un empate 1-1 en el marcador, a los trece minutos de la segunda parte, Mancini se volvió hacia Neymar y lo señaló con el dedo.

Neymar se puso en pie entusiasmado, chocó los cinco con varios compañeros y se acercó al trote a Mancini.

—Ten fe en ti mismo, chico —dijo su entrenador—. Danos un gol.

Neymar asintió, y en cuanto saltó al terreno de juego, un rugido recorrió las gradas del Pacaembu, que temblaron como por efecto de un gran terremoto, y los hinchas pronunciaron su nombre a gritos una y otra vez.

—¡¡¡NEEEEYYYYYYMMMMMMAAAAARRRRR!!! ¡¡¡NEEYYYYMMMAARRRRR!!!

Con la camiseta blanquinegra del Santos FC y el número 18 en la espalda, había llegado su gran día. Segundos después, recibió el balón, corrió como una flecha hacia la portería contraria y chutó. El tiro dio en el larguero y se fue fuera.

Seguía el empate a 1.

Pero su entrada en el campo supuso una inyección de moral para el Santos, que consiguió anotar otro gol y ganar el partido por 2-1. Neymar había cumplido con su cometido, y cuando abandonó el campo al final del encuentro, la multitud, en pie, lo aclamó enfervorizada. Su nueva estrella había debutado, y estaban todos allí para presenciarlo.

Al cabo de ocho días, el 15 de marzo de 2009, Neymar tuvo una nueva oportunidad, esta vez en un partido contra el Mogi-Mirim, y de nuevo en el Pacaembu. En esta ocasión lució el número 7. A los diecisiete minutos de pisar el campo, recibió el balón y tiró, pero Marcelo Cruz, el portero del Mogi, lo atrapó.

Al final de la primera mitad, el marcador seguía 0-0. De pronto, en el minuto 11 del segundo tiempo, P. H. Ganso rematό un balón y marcó, y al cabo de doce minutos, Ronaldo anotó otro gol. El Santos ganaba ya 2-0.

Pocos minutos después Molina cruzó la línea de medio campo y le pasó el balón a Germano. Éste se dirigió hacia la banda izquierda y se lo cedió a Triguinho, que rápidamente se dirigió hacia el interior. Neymar se zafó de los varios defensas que lo marcaban y voló hacia el balón para cabecearlo al fondo de la red. ¡3-0!

¡Había marcado su primer gol para el Santos! Se echó a correr con una expresión de puro júbilo en el rostro y el dedo índice apuntando hacia el cielo, en recuerdo de su abuelo. Había prometido a su padre dedicar su primer gol al abuelo, y cumplió su promesa. A continuación dio un salto en el aire y lanzó un puñetazo al cielo, imitando a Pelé, que había jugado muchos años en el Santos.

Neymar corrió hacia P. H., se abalanzó sobre él y lo abrazó.

—¡El chico del Santos resplandece! —exclamó ante el micrófono Milton Leite, el comentarista de SporTV—. ¡Éste es un gol histórico, aquí ante nuestros ojos! ¡Éste es un día histórico en el fútbol brasileño!

Cuando Neymar abandonaba el campo, Glenda Kozlowski, una antigua deportista y por entonces destacada periodista televisiva, le acercó un micrófono a la cara.

—Has marcado tu primer gol para el primer equipo, Neymar. ¿Qué viene a continuación?

—¿Qué viene a continuación? Venga el domingo que viene —respondió Neymar al micrófono—. Jugamos contra los Corinthians. ¡Jugamos contra Ronaldo!

—Ronaldo está gordo y de capa caída —señaló la comentarista—. ¿De verdad crees que tiene alguna posibilidad jugando contra ti?

A Neymar no le gustaron las palabras de esa mujer sobre su héroe, y sonrió.

—Espero que sí la tenga —contestó, y se marchó apresuradamente a los vestuarios.

Pero ¿qué cosas decía esa mujer? Ronaldo no sólo había conquistado para Brasil su última Copa del Mundo, en 2002, sino que además había jugado con la selección nacional cuando ésta ganó el Mundial de 1994 y había recibido tres veces el Premio al Mejor Jugador del Año en el Mundo de la FIFA.

—Ahí lo tienen —dijo Glenda—. Neymar. ¡Algunos ya lo llaman el próximo Pelé!

El domingo siguiente, en el Vila Belmiro, Neymar salió al campo para jugar contra el Corinthians y se enfrentó a su héroe, Ronaldo. Justo antes, su padre y él recitaron el versículo de Isaías.

Era el último partido del Fenómeno, y puso todo su empeño en ganar. El Santos perdió. Ronaldo, a veinte metros de la portería, y con el corazón de un auténtico campeón, ejecutó un magnífico disparo y alojó el balón a la red.

Neymar, desde el campo, vio el gol con asombro.

—Increíble —dijo a P. H.

—¿Qué te esperabas? Es su último partido. ¿Creías que el Fenómeno iba a marcharse lloriqueando?

—¡Me alegro de que no haya sido así! —confesó Neymar.

—Calla —le ordenó P. H.—. Ahí viene.

Ronaldo abandonó el campo por última vez como futbolista profesional, y cuando pasó junto a Neymar y P. H., les guiñó el ojo.

—¡Ha sido divertido! —exclamó.

16

De héroe a nada

En enero del año siguiente, cuando Neymar y André Felipe Ribeiro de Souza salieron al campo en el primer partido de la temporada 2010, el público se echó a reír y las gradas temblaron por efecto del estridente abucheo.

Los dos lucían su nuevo corte de pelo estilo mohicano. Se detuvieron en la línea de banda en espera de que los espectadores lo asimilaran.

—Esto no me gusta —se lamentó André, pasándose la mano por la cresta de pelo en lo alto de la cabeza.

—Los quejicas no gustan a nadie —bromeó Neymar—. Pero parece que los mohicanos gustan a todo el mundo.

André se rió.

P. H. Ganso y Robinho, los otros dos miembros del *cuarteto temible*, como se los conocía, se acercaron al trote, y P. H., al ver sus cortes de pelo, no pareció muy contento.

—No contéis con que yo me haga una cosa así —comentó mientras los cuatro salían al terreno de juego.

—Desde luego, oye, yo ya empezaba a acostumbrarme a ese otro peinado tuyo —dijo Robinho, llevándose la mano a la frente. A continuación le alborotó el pelo a Neymar—. Pero esto es de lo más ridículo.

—Lo hacemos para llamar la atención —explicó Neymar medio en broma mientras ocupaban sus posiciones.

—¿Llamar la atención? —preguntó Robinho—. Dentro de nada vendrás al trabajo en helicóptero.

Robinho no sabía cuánta razón tenía. En los tres meses posteriores Neymar marcó catorce goles en el Campeonato Paulista, conocido como el Paulistão, la liga de fútbol profesional de São Paulo, y en abril ya tenía su propio helicóptero para llevarlo de un lugar a otro. En esos tres meses se había convertido en el héroe de todos.

Y de pronto el mundo se le vino abajo.

En mayo, en un partido contra el Atletico Goianiense, no lo designaron para lanzar un penalti, algo que, en su opinión, le correspondía a él. En un arranque de mal genio, fue a quejarse airadamente al capitán del equipo y al entrenador, y la escena llegó a todos los periódicos. Lo apodaron «Neymonstruo». Ese día, cuando salió del campo, su madre lo esperaba ante la puerta del vestuario.

—Éste no es el hijo al que yo he educado —dijo.

Neymar Júnior estaba avergonzado. Había perdido los papeles por completo.

—Lo siento, mamá. Sé que he obrado mal —respondió.

—Has obrado mal y ahora vas a obrar bien —replicó ella—. Entra ahí y arréglalo.

Neymar entró en los vestuarios y se disculpó ante los dos equipos. Después, el entrenador, Dorival Junior, lo llevó aparte para mantener una breve conversación con él:

—Oye, hace tres meses nadie había oído hablar de ti y ahora todos te van detrás. Sé lo que es eso y entiendo por lo que estás pasando. Pero debes centrarte en el juego. En el juego. No en la fama. No te puedo asegurar si en el futuro las cosas serán más o menos fáciles para ti. Pero sí puedo decirte que aquí lo único fácil es pasar de héroe a nada. Tu misión es jugar, no dejarte llevar por el mal genio. Te impongo dos partidos de suspensión.

Dicho esto, se dio media vuelta y se marchó.

—Sí, señor —contestó Neymar. Sabía que se lo merecía.

17

El gol del año

Ni Neymar ni P. H. fueron elegidos para jugar con la selección nacional en el Mundial de Sudáfrica en 2010. Brasil, campeón en cinco ocasiones, quedó eliminado en cuartos de final, y el entrenador Dunga fue sustituido por Mano Menezes, un hombre de aspecto severo con el pelo a cepillo. Dos días después de hacerse cargo de la *Seleção*, Menezes llamó a Neymar y lo invitó a formar parte del conjunto que estaba creando para el siguiente Mundial, que se celebraría en Brasil en 2014.

Al mes siguiente viajaron a Meadowlands, en Nueva Jersey, para jugar un amistoso contra Estados Unidos. Menezes también convocó a P. H. Ganso y a Robinho para ese encuentro. Tres jugadores del cuarteto que coincidió en el Santos durante los mejores años de la historia del club volvían a estar juntos en esa primera salida con la *Seleção*. Era el 10 de agosto de 2010.

Hombre parco en palabras, Menezes les ofreció un consejo breve y amable:

—Jugad al fútbol tal como vosotros sabéis, muchachos. Jugad al fútbol tal como vosotros sabéis.

En el minuto 28, Robinho dio un pase a André Santos, que corría por el ala izquierda. Cuando éste vio a Neymar desmarcado en el área pequeña, envió hacia él un balón cruzado, y Neymar lo cabeceó a la red.

Neymar se dejó caer de rodillas, levantó los brazos hacia el cielo y besó el escudo brasileño de su camiseta. Poco después sus compañeros se amontonaron sobre él. Neymar supo en ese mismo instante que aquel había sido el primer paso en su viaje hacia el Mundial de 2014, y era el hombre más feliz del mundo. No había pasado ni un año cuando, el 27 de julio de 2011, saltó al terreno de juego del Vila Belmiro, donde el Santos se enfrentaba al Flamengo en la duodécima ronda del *Brasileirão,* el campeonato de fútbol más importante de Brasil. El famoso Club de Regatas do Flamengo, de Río de Janeiro, y el Santos eran eternos rivales, y el Flamengo ya había ganado el título en seis ocasiones.

Ronaldinho jugaba en el Flamengo y anotó un *hat trick.* Pero por un breve instante Neymar acaparó la atención de todos. Sólo faltaban treinta minutos para el final del partido.

Neymar vigilaba a Leo Moura y a Williams con el rabillo del ojo a la vez que robaba el esférico. Los dos lo marcaban como un par de buitres. Tenía que zafarse de ellos. De pronto surgió la oportunidad. Se echó a correr, los dejó atrás y se encontró con Renato, que también intentaba cortarle el paso. Neymar, con su gran rapidez, lo superó y se topó entonces con Ronaldo Angelim, el defensa central del Flamengo. En una milésima de segundo, amagó el regate y se hizo un autopase. Luego, justo cuando los defensas se abalanzaban sobre él y el portero salía ya del área, mandó el balón al fondo de la red de un trallazo. El clamor de la multitud pareció prolongarse indefinidamente.

El siguiente mes de enero de 2012, Neymar fue nominado para el Premio Puskas por ese gol contra el Flamengo. Viajó a Zúrich para la ceremonia de entrega del Balón de Oro de la FIFA, que es un galardón anual concedido al mejor jugador de fútbol masculino del año precedente. Neymar fue finalista, junto con Leo Messi y Wayne Rooney, para el Premio Puskas, otorgado al mejor gol del año. Neymar creía que no tenía la menor posibilidad. Aun así, en el fondo de su corazón ardía un fuego de esperanza. Cuando anunciaron que él era el ganador y su rostro apareció en la enorme pantalla, estuvo a punto de vomitar.

El mexicano Hugo Sánchez le entregó el trofeo. Neymar no se lo podía creer. Admiró el resplandeciente trofeo y vio reflejada la cicatriz en forma de coma invertida que tenía sobre la ceja: la cicatriz del accidente. Una vez recobrada la compostura, pronunció unas palabras ante el micrófono.

—Soy muy feliz por haber recibido este trofeo. Competía con dos de los mejores futbolistas del mundo. ¡Soy un gran admirador de ambos! —Intentó contener las lágrimas—. Quiero dar las gracias a Dios y a todos los aquí presentes esta noche. Espero que disfruten de la velada.

El público prorrumpió en un clamoroso aplauso. Neymar buscó algún sitio por donde abandonar el escenario, y allí estaba Pelé, el mejor jugador de la historia del fútbol, entre bastidores, esperándolo. Cuando se acercó a él, Pelé apoyó las manos en sus hombros, lo felicitó y le susurró al oído:

—Ha llegado el momento de que vayas a jugar a Europa.

Cuando volvió de Suiza, encontró a su familia entusiasmada porque estaban a punto de emitir un anuncio de televisión que él había rodado antes de su viaje. Todos se morían de ganas de verlo. Sentados en el borde de sus asientos, esperaban impacientes ante el televisor.

—Mirad, ya empieza —avisó Pai—. Callad todos.

Era el anuncio de un producto que sus padres conocían muy bien: Neymar era la nueva imagen de las depuradoras de agua Panasonic.

Cuando se acabó el anuncio, todos se echaron a reír. Todos menos Neymar. No sabía muy bien a qué se debían esas risas.

—¡Eh, puede que no sea muy buen actor, pero a mí me ha parecido que no lo hacía del todo mal! —dijo en tono lastimero.

—No nos reímos de ti, Juninho —explicó Nadine—. Nos reímos de otra cosa: hace mucho tiempo, cuando nos cortaban la luz porque no podíamos pagar los recibos, tu padre vendía esas depuradoras de puerta en puerta.

—¡¿Qué dices?! —exclamó Neymar.

—¡Por el salario mínimo! —declaró Pai con orgullo—. Y ahora a ti te pagan millones por venderlos.

Todos se echaron a reír otra vez.

18

Vientos nuevos

En septiembre de 2012, P. H. se acercó a Neymar con una noticia.

—Me marcho del Santos, Juninho —informó P. H.—. Quería que fueras el primero en saberlo.

—¿Por qué? —inquirió Neymar, horrorizado—. ¿Te han echado?

P. H. se rió.

—No, hombre. Acabo de firmar un contrato con el São Paulo.

Neymar abrazó a su mejor amigo, desolado y contento al mismo tiempo.

—No sé qué voy a hacer sin ti. En el campo nadie me conoce como tú —confesó, conteniendo las lágrimas.

—Ya verás cuando nos enfrentemos —bromeó P. H.—. Lamentarás que te conozca tan bien.

Neymar y P.H. se rieron juntos y se abrazaron.

—Hermano contra hermano —dijo Neymar, y fingió tomárselo bien. Pero en el fondo de su alma sabía que también para él, como para P. H., se acababa una etapa en el Santos—. ¿Qué otros planes tienes? —preguntó Neymar a su amigo.

P. H. se encogió de hombros.

—¿Quién sabe? A lo mejor me caso. ¿Y tú?

—Estoy con los preparativos del instituto. En Praia Grande. Para los niños.

—¡¿Para los niños?! Pero ¡si tú eres un egoísta malcriado! —lo reprendió P. H.

—Sí, es verdad, lo era, no lo negaré —respondió Neymar—. Pero es una idea que se me metió en la cabeza cuando era pequeño y jugaba en la calle. En los tiempos en que nos cortaban la luz porque no pagábamos el recibo. Entonces pasábamos estrecheces y ahora nado en la abundancia. Pero quedan muchos niños en Jardim Glória y por toda Praia Grande que no tienen nada. Durante mi reciente viaje, para recoger el premio, he tenido tiempo para pensar. Me he dado cuenta de muchas cosas.

—¿Ah, sí? ¿Qué cosas?—preguntó P. H.—. Dime una.

—Bueno, verás, para empezar, me he dado cuenta de que en mis malos momentos…

—Cuando te comportabas como un malcriado egoísta —lo interrumpió P. H.

—Exacto. Sólo pensaba en mí. Pero he descubierto que cuando dejo de pensar en mí y empiezo a preocuparme por los demás, me siento mejor. Así que voy a hacer lo que prometí de pequeño en aquella casa a oscuras llena de velas. He comprado unos terrenos en Praia Grande. Muy grandes. Para que los niños pobres vayan a jugar al fútbol y aprendan el juego. Será una escuela deportiva, y he encontrado a unos cuantos profesores para que echen una mano. Quiero que tú también participes. Habrá fútbol, balonvolea, natación, judo, baloncesto, lectura, escritura e informática. Y música. Hermosa música. Hay demasiados adultos analfabetos. Quiero cambiar todo eso.

P. H. observó a su amigo en silencio durante un largo momento y finalmente lo abrazó.

—Cuenta conmigo, hermano —afirmó—. Pero ojo: ¡cuando llegue el momento, iré a por ti!

Y, efectivamente, al cabo de seis meses, en febrero de 2013, el Santos se enfrentó en un amistoso al São Paulo. A Neymar le hacía ilusión jugar contra su amigo del alma, P. H., a quien en los últimos seis meses le había ido bastante bien como defensa del São Paulo. Había llegado la hora de un poco de acción hermano contra hermano. Pero cuando P. H. salió al campo, los hinchas del Santos, entre abucheos y silbidos, lo acusaron de haberse vendido y le lanzaron monedas.

De pronto un par de hinchas saltaron la valla y se echaron a correr hacia P. H., aparentemente con la intención de agredirlo. Neymar se apresuró a interponerse y se plantó junto a su mejor amigo.

—¡Tranquilos! —gritó repetidamente, y al final los hinchas se serenaron y pudo empezar el partido—. *Ousadia e alegria!* —exclamó. Era el lema de P. H y él. «*Ousadia*», en el sentido de que hacía falta audacia para emprender algo nuevo, y «*alegría*», porque era lo que uno necesitaba para jugar al fútbol y vivir la vida. Para P. H. fue un gran alivio ver que los hinchas se tranquilizaban y el partido podía comenzar.

Pocos meses después, el 27 de marzo, le llegó el turno a Neymar de jugar el último partido con el Santos y despedirse de su equipo durante los últimos nueve años. Pero justo el día antes viajó en helicóptero a la playa de Tabatinga para actuar como padrino de boda de P. H.

Al día siguiente, Neymar debía tomar una decisión difícil. Con dos ofertas sobre la mesa, una del Real Madrid y otra del Barça, Neymar tenía que elegir. Estaba preparado. Fuera cual fuese el equipo escogido, se iría a Europa. Resonó de nuevo en su cabeza la voz de Pelé cuando, la noche de la entrega del Premio Puskas, le dijo: «Ha llegado el momento de que vayas a jugar a Europa». Al otro día viajó a Brasilia con el Santos para su último partido con el *Peixe*. El nuevo estadio Mané Garrincha sería el escenario en el que Neymar jugaría por última vez con el Santos. También sería el estadio donde jugaría la *Seleçao* en el Mundial de 2014. Se agotaron todas las localidades. Acudieron 63.000 espectadores. Neymar se presentó con 229 partidos, 138 goles y 6 títulos a las espaldas. Bajaba el telón sobre los nueve años de su vida en el Santos FC.

Le corrían las lágrimas por las mejillas. Victor Andrade y Rafael, dos de sus compañeros de equipo, lo flanqueaban para darle apoyo. El resto del equipo lo rodeaba.

—Quiero daros las gracias a todos por los momentos que hemos compartido: los entrenamientos, las victorias y los títulos. No es fácil para mí dejaros, pero estoy viviendo mi sueño. Hoy quería jugar... tener una última oportunidad de jugar noventa minutos con vosotros... ganemos o perdamos. Gracias por todo. Siempre seré hincha de este equipo —declaró con el rostro bañado en lágrimas, y señaló a los miembros del equipo uno por uno—. Os deseo a todos lo mejor. Siempre seré vuestro amigo y siempre os apoyaré, esté donde esté.

Esa noche, después del partido, que acabó en empate a 0, anunció al mundo que se iba al F.C. Barcelona.

Pero, antes de marcharse al Barça, jugaría con la selección brasileña y afianzaría su puesto en el combinado nacional. Esperaba con interés la Copa Confederaciones del 30 de junio de 2013.

19

Aquí viene el número 10

La Copa Confederaciones era para Neymar la oportunidad de representar el papel más preciado para un futbolista brasileño, que era jugar en casa contra los campeones de cada continente. Para Brasil, la Copa Confederaciones era un ensayo previo al Mundial, que se celebraría exactamente un año después. Neymar deseaba demostrar a sus compatriotas y al mundo entero que era capaz de ponerse al frente de su selección y conquistar la Copa del Mundo. El entrenador Luiz Felipe Scolari, apodado Felipão, que ganó con Brasil el Mundial de 2002, sustituyó a Mano Menezes como preparador de la *Seleção* a finales de 2012, y todos se alegraron.

Lo primero que hizo Scolari fue adjudicarle a Neymar la camiseta con el número 10. Neymar entendió lo que eso significaba: el número 10 era el número de Pelé. Cuando Scolari le entregó la camiseta, estaba dándole una oportunidad y a la vez asignándole una responsabilidad. Le confiaba la misión de conducir al equipo a la victoria en el Mundial. Neymar tenía sólo veinte años. Pero se sentía preparado.

La Copa Confederaciones fue todo un éxito para Brasil y para Neymar desde el primer momento. En el partido inaugural ganaron a Japón 3-0, con goles de Neymar en el minuto 3, Paulinho en el 48 y Jô en el 90. Al cabo de tres días, el equipo derrotó a México, y Neymar marcó nuevamente, esta vez en el minuto 9.

A continuación Brasil venció a Uruguay 2-1 en la semifinal, con un gol de Fred en el minuto 41 y otro de Paulinho en el 86, casi al final del partido.

Llegó entonces la final contra el campeón del mundo: España.

Neymar experimentó una sensación extraña al recorrer el túnel de vestuarios del famoso estadio de Maracaná, de Río de Janeiro. Estaba a punto de jugar contra sus futuros compañeros de equipo en el Barcelona, futbolistas a quienes admiraba: Xavi, Iniesta, Busquets, Pedro y Piqué. Intercambiaron miradas y abrazos. Sólo unas semanas después de ese encuentro, compartiría vestuario con ellos en el Camp Nou y serían amigos y compañeros de equipo. Pero ese día él era un hombre con una misión. «Una buena ocasión», pensó. Si podían derrotar a los campeones del mundo en casa, demostraría a sus futuros compañeros de equipo su gran calidad.

Eran casi las siete de la tarde, la hora del inicio del partido.

Ya en el campo, todos dijeron que Felipão Scolari se veía relajado cuando estrechó la mano del seleccionador español, Vicente del Bosque.

Neymar cerró los ojos y visualizó el inminente encuentro. Se quedó solo durante un momento, pese a tener alrededor a sus compañeros de equipo: Fred, Alves, Cesar, Silva, Luiz, Marcelo, Oscar, Luiz Gustavo, Paulinho y Hulk. Dani Alves le echó un brazo al hombro a su amigo para tranquilizarlo.

Sonó el himno nacional brasileño, y los hinchas empezaron a cantar. Pero, conforme a la normativa de la

FIFA, los himnos nacionales no deben prolongarse más de noventa segundos. En ese partido, concluidos los noventa segundos, sólo se habían entonado dos tercios de la letra. La música se interrumpió, pero los aficionados y el equipo siguieron cantando, *a cappella*, hasta el final del himno.

Dani Alves pronunció una plegaria en voz baja junto a Neymar, y éste lo agradeció y se relajó. Los jugadores ocuparon sus puestos en el campo, y Neymar fue al círculo central.

Dos minutos después Fred recibió una asistencia de Neymar, cayó y, desde el suelo, tocó el balón y batió a Casillas. Brasil se puso por delante en el marcador: 1-0.

Transcurridos cuarenta y un minutos de juego, Oscar pasó el balón a Neymar, que se hallaba en el lado izquierdo del área chica. Neymar golpeó con la zurda y superó a Casillas por alto.

El público enloqueció cuando Neymar el Mago aumentó la ventaja de su equipo: 2-0. En la segunda parte, de nuevo en el minuto 2, tal como había ocurrido en la primera mitad, Fred marcó otra vez, en esta ocasión con un tiro con efecto al segundo palo desde la izquierda. Casillas rozó el balón con los dedos, pero era un tiro duro y rápido, y acabó en el fondo de la red. Brasil ganó 3-0. Y cuando Neymar abandonó el terreno de juego, los 63.000 seguidores lo vitorearon.

Pocos días después, Neymar se hallaba frente a 56.500 aficionados del Barcelona, una cifra récord en la presentación de un jugador brasileño. Mientras se preparaba mentalmente para jugar junto a su héroe, Leo Messi, supo que aquel año iba a enfrentarse al mayor reto de su vida.

20

Otra vez en casa

La primera temporada de Neymar en el Barça terminó con resultados desiguales. Anotó 15 goles en 41 partidos jugados con el nuevo entrenador Gerardo (Tata) Martino. Los seguidores y los medios de comunicación lo observaron de cerca para ver cómo se adaptaba al sistema de juego del Barça y en qué medida se compenetraba en el campo con Leo Messi.

La temporada terminó en decepción, porque el Barça no consiguió imponerse ni en la Champions ni en la Copa del Rey. Su única esperanza era la Liga, que se decidió en el último partido de la temporada.

Aunque Alexis marcó el primer gol, al final el Barça fue incapaz de conseguir su quinto título en seis años, porque el Atlético de Madrid forzó un empate a 1 en el Camp Nou y ganó la Liga. El Barça quedó en segunda posición. El cabezazo con el que Godin estableció la igualada después del descanso bastó para dar al equipo visitante el punto que necesitaba para alzarse con el título.

Neymar permaneció en el banquillo hasta el minuto 61, cuando Tata lo llamó para sustituir a Pedro, pero no consiguió abrirse paso entre la cerrada defensa del Atlético.

Al cabo de unos días, los jugadores se vieron por última vez y luego se prepararon ya para incorporarse a sus selecciones nacionales. Messi, Neymar, Alexis, Mascherano y los jugadores españoles se despidieron y se desearon éxito en el Mundial. Neymar y Dani Alves se reunieron con el combinado brasileño. Casi todos los miembros del once titular barcelonista partirían hacia Brasil unos días después para representar a sus respectivos países en el mayor de todos los escenarios futbolísticos.

—¿Sabes cuál es mi deseo? —preguntó Neymar a Messi antes de marcharse ambos rumbo a sus países.

—Sí. Que Brasil gane la Copa del Mundo —contestó Messi.

Neymar sonrió.

—Eso desde luego. Pero me encantaría que Brasil y Argentina jugaran la final. Tú y yo, el uno contra el otro.

Messi, capitán del equipo argentino, asintió con una sonrisa.

—¡Sí, estaría bien ganarte en tu propia casa!

Los dos se echaron a reír y se abrazaron.

En 1950 Brasil fue el país anfitrión del Mundial por primera vez. Por aquel entonces los brasileños tuvieron la sensación de que ése era el momento decisivo para su equipo en la historia del fútbol: ganar la Copa del Mundo en su propio terreno. En aquella ocasión la *Seleção* se enfrentó a Uruguay en la final, que se disputó en el estadio de Maracaná en Río. Sólo necesitaba un empate para conquistar la Copa del Mundo. Antes del partido, el periódico portugués *O Mundo* declaró a Brasil prematuramente *campeón del mundo.* Sin embargo, en una de las mayores sorpresas de la historia del fútbol, Uruguay anotó cuando faltaban sólo once minutos para el final del encuentro, adjudicándose así el partido y la Copa. Para

Uruguay, ese encuentro quedó registrado en los anales de la historia como «el Maracanazo». Ese resultado sumió a Brasil en un período de duelo nacional y se recordaría como una gran catástrofe. Esta sorpresa dio origen a un gran cambio en el combinado nacional brasileño, pero ni siquiera cinco Copas del Mundo en los años posteriores han podido borrar esa herida de su historia futbolística. Para Brasil, acoger otro Mundial cincuenta y cuatro años después era una oportunidad para restañar por fin la herida. El éxito del año anterior en la Copa Confederaciones llevó a creer que ese equipo podía realizar ese sueño y conquistar el trofeo. Para Neymar, una victoria en el Maracaná era un sueño que estaba más que dispuesto a realizar. Aunque nació muchos años después del Maracanazo, conocía ese episodio como cualquier brasileño. Justo antes del primer partido del Mundial, dijo: «Queremos hacer realidad el sueño de todos los brasileños, que es ganar la Copa del Mundo».

Lo decía en serio, y creía que el equipo, con la ventaja añadida de jugar en casa, podría conseguirlo.

Neymar se convirtió en el símbolo de la esperanza para doscientos millones de brasileños. Lo admiraban por su velocidad, su creatividad y su picardía, y respetaban sus logros: 31 goles y 22 asistencias en sólo 49 partidos con la selección. Para los brasileños, era el niño prodigio del Santos, equipo en el que vistió la camiseta en doscientas veinticinco ocasiones y marcó 136 goles. Y cuando empezó el Mundial, todo el país estaba perdidamente enamorado de su número 10.

Antes del primer partido contra Croacia, Neymar dijo a su madre que le regalaría la camiseta con el número 10 que vistiera durante el encuentro. Y cumplió su promesa. Al final de los noventa minutos, se quitó la camiseta y se la entregó. Nadine se la merecía después de todo el amor y el apoyo que ella y Pai habían dado a su hijo a lo largo de los años. En este partido inaugural del torneo, Neymar marcó dos goles, y la resplandeciente superestrella se ganó la admiración del país y el mundo entero.

—Estoy muy contento, de verdad, muy contento —declaró Neymar después del encuentro—. Esto supera mis mayores sueños, y era importante empezar con una victoria en un torneo de esta importancia. Me alegro mucho de los dos goles, pero todo el equipo merece una palmada en la espalda, porque hemos mantenido la calma y organizado bien el juego desde atrás. Esto no depende de uno, o de tres jugadores: es trabajo de todo el equipo.

El segundo encuentro, contra México, terminó sin goles, y Neymar sabía que se recordaría por la actuación heroica del guardameta mexicano, Memo Ochoa.

En el tercer partido, contra Camerún, Neymar marcó dos goles, y Brasil se impuso por 4-1, asegurándose así el paso a octavos. El país entero tenía la sensación de estar viviendo un sueño. Todo el mundo vestía la camiseta de Neymar. Las esperanzas crecían de partido en partido. Todos confiaban en que Neymar los llevara a la tierra prometida.

—¿Cómo te sientes? —preguntó Neymar Sénior a su hijo después del tercer encuentro.

—Estoy viviendo un sueño, papá. Estoy alcanzando la meta que nos hemos fijado desde que me enseñaste a tocar el balón cuando aún iba a gatas —dijo Neymar.

Neymar Sénior se rió.

—¿Y sabes una cosa? —preguntó Neymar—. No me siento nada presionado. Estoy haciendo lo que siempre he soñado, y me lo paso bien. Quiero ayudar a mis compañeros de equipo marcando goles, defendiendo, animándolos a ir a por el balón, lo que haga falta para conseguir la victoria.

—Así me gusta —dijo Pai. Siempre le había enseñado a ser un jugador de equipo. Admiraba la capacidad de su hijo para ver las cosas en perspectiva: para verse como parte del equipo y el país. A Pai siempre lo asombraba lo bien que su hijo sobrellevaba la presión.

El primer partido de la fase eliminatoria, contra Chile, fue un encuentro duro y difícil. Los primeros noventa minutos terminaron en empate a 1, lo cual obligó a jugar la prórroga y al final el partido se decidió con el lanzamiento de penaltis. Neymar marcó el suyo, engañando al portero con una *paradiña*. Felipão declaró que Neymar lanzó la pena máxima como en un partido de barrio, indiferente a la enorme presión.

Las dos paradas de Julio Cesar, el portero brasileño, en la tanda de penaltis permitieron a la *Seleção* acceder a los cuartos de final y la moral, tanto del equipo como del país entero, se elevó a la estratosfera. Todo el mundo lloraba. Los penaltis son una manera cruel de decidir un partido, y Brasil se había asomado al abismo de la eliminación pero había sobrevivido.

21

Sueños rotos, nuevas esperanzas

Neymar Sénior vio anotar a James Rodríguez desde el punto de penalti su sexto gol del Mundial para Colombia. Brasil ganaba 2-1, y Pai confiaba en que eso bastara para seguir en la competición. James era una de las nuevas estrellas ascendentes del torneo, y Neymar Sénior admiraba su destreza. Colombia era un excelente equipo, uno de los mejores del campeonato, y aún quedaba tiempo suficiente para causar daños.

El partido en sí fue bronco, y en algunos momentos incluso violento por ambas partes. Pero el árbitro se resistía a sacar cartulinas amarillas y rojas del bolsillo de la camiseta. Los comentaristas y analistas de todo el mundo afirmaban que el árbitro debía ser más enérgico y mantener a raya a los jugadores. Las continuas faltas interrumpían el ritmo del juego y el encuentro era cada vez más agresivo. Y, de pronto, siete minutos después del gol colombiano, en el minuto 88, Neymar Sénior, horrorizado, se levantó de un salto al ver que su hijo caía gritando de dolor y llevándose la mano a la espalda. La repetición de la jugada en la enorme pantalla mostró al defensa colombiano Juan Zúñiga acercarse a Neymar desde atrás y asestarle un rodillazo.

Neymar Júnior no lo vio venir. Estaba en el tercio del campo cercano a la portería rival, dispuesto a hacerse con el control del balón y, de pronto, sin previo aviso, sintió una fuerte embestida por detrás y cayó derribado al suelo. Lo asaltó un intenso dolor, el peor dolor de su vida.

Juan Zúñiga se tambaleó por un momento y siguió adelante con el balón, para acabar perdiéndolo. Neymar Júnior, tocándose la zona lumbar con la mano, era incapaz de contener las lágrimas a causa del intenso dolor.

Neymar Sénior, de pie en las gradas, permanecía inmóvil y horrorizado. En la boca del estómago se le formó un nudo como consecuencia del pánico. Era una sensación que ya conocía: la había experimentado muchos años atrás cuando Juninho tenía sólo cuatro meses. El accidente. El dolor. El miedo.

Marcelo se acercó corriendo a su compañero caído, se arrodilló a su lado y le preguntó a gritos:

—¡¿Cómo estás?!

—¡No me siento las piernas! —exclamó Neymar.

El llanto le ayudó a aliviar el dolor y agradeció la presencia de Marcelo. Le era imposible levantarse.

Llamaron al cuerpo médico del equipo.

Neymar Júnior sabía que el partido se había acabado para él. Albergaba la esperanza de recuperarse para el resto del torneo.

Pero el dolor era atroz. No podía moverse.

En algún lugar cercano oía a Zúñiga pedir perdón a gritos, pero no lo vio porque le era imposible. Sólo veía el césped sobre el que había caído.

Mientras el equipo médico lo retiraba del campo en camilla apresuradamente, sintió todas y cada una de las sacudidas. Ya había pasado por eso, pero el dolor nunca había sido tan intenso. Lo llevaron a la enfermería para aliviárselo. Cuando lo metieron en la ambulancia y el equipo médico subió tras él, alcanzó a ver a su padre por un instante antes de que se cerrara el portón trasero. Cuando partieron a toda velocidad camino del hospital, su padre se quedó allí, su imagen menguando a lo lejos. Un auxiliar médico del equipo de urgencias instaló un gota a gota, otro le administró una inyección y finalmente el dolor empezó a remitir.

En la ambulancia, durante el apresurado viaje al hospital, quedó claro: el viejo sueño de llegar a la final del Mundial con la *Seleção* se había truncado.

Brasil ganó el partido contra Colombia. Sólo una victoria los separaba de la final. Sólo dos partidos los separaban del mayor de todos los trofeos.

Primero tenían que derrotar a Alemania sin su mejor defensa, Thiago Silva, capitán del equipo, sancionado por acumulación de tarjetas después de ver la segunda amarilla en el partido contra Colombia, y también sin su astro, Neymar.

Muchos pensaban ya antes que no sería nada fácil vencer a Alemania, que estaba revelándose ante el mundo como una de las mejores selecciones del torneo.

Cumplir esa misión sin Neymar y sin Silva parecía casi imposible. Pero el equipo y la nación tenían fe en su capacidad para superar estos contratiempos.

Los doscientos millones de brasileños, esperanzados, rezaban por la recuperación de Neymar y veían con optimismo el inminente partido contra Alemania.

Pronto una devastadora noticia azotaría el país.

Neymar vio el decisivo encuentro desde su casa con la familia y los amigos. Se le saltaron las lágrimas cuando sus compañeros de equipo, Julio Cesar y David Luiz, sostuvieron en alto su camiseta a la vez que cantaban el himno nacional brasileño. Confiaba en que los suyos consiguieran la victoria y rezaba por ello.

En el minuto 11 hubo ya un primer aviso. Thomas Müller, desmarcado, anotó el primer gol debido a un grave error de la defensa brasileña. Quedaba aún mucho tiempo para rehacerse, pero nadie podría haber previsto lo que ocurrió a continuación.

En sólo seis minutos, Alemania marcó otros cuatro goles, empezando por el tanto de Klose en el minuto 23, seguido de otros dos de Kroos en los minutos 24 y 26, respectivamente, y uno más de Kaedira en el 29.

Partido sentenciado. Neymar, atónito en su casa, sabía que era imposible remontar un marcador tan adverso. Aquel sufrimiento era mayor que el causado por el dolor de espalda. El sueño se había convertido en pesadilla. En la segunda parte, cuando iban 7-0, apagó el televisor. No podía seguir viendo aquello, y se perdió el gol de Oscar en el minuto 90.

Para todo Brasil, la derrota ante Alemania por 7-1 fue una catástrofe aún mayor que la de 1950. Perder con Holanda 3-0 en el encuentro por la tercera plaza empeoró las cosas. Neymar vio el último partido de la *Seleção* desde el banquillo y animó a sus compañeros. Llegado un punto, se tapó la cara con la camiseta. Le resultaba demasiado doloroso seguir viéndolo.

Pero se negó a criticar al entrenador y a sus compañeros, y no estaba de acuerdo con la generalizada desaprobación que los medios manifestaron contra ellos. Como siempre, fue un jugador de equipo, e hizo todo lo posible para estar cerca de los suyos.

Apoyó a la *Seleção* y asumió la caída con ellos.

Neymar era un optimista. Ya desde pequeño siempre veía el lado bueno de las cosas. «Cuando iban perdiendo por seis goles, por siete, podrían haberse rendido —declaró—. Pero siguieron corriendo y siguieron intentándolo. Estoy orgulloso de todos ellos. No me avergüenzo de ser brasileño. No me avergüenzo de formar parte de este equipo. Estoy orgulloso de mis compañeros.»

El chico de Mogi das Cruzes estaba agradecido. A sus veintidos años, tenía por delante otros Mundiales y mucho tiempo para disfrutar del juego. Veía ante sí grandes desafíos y otras oportunidades para plasmar su nombre entre los de los futbolistas más importantes de todos los tiempos.

Cuando el médico le enseñó la radiografía de la espalda, le dijo que era el hombre más afortunado del mundo.

—Si el golpe hubiera sido dos centímetros más abajo, habrías ido en silla de ruedas el resto de tu vida —le explicó—. Pero te pondrás bien. Dentro de dos meses volverás a jugar.

Para Neymar, devoto creyente, estaba claro que Dios había velado por él. Pensaba que toda su vida era una bendición, ya desde aquel fatídico día en las montañas cuando sobrevivió al espantoso accidente de tráfico. Daba gracias por su talento, que no sólo le proporcionaba fama y éxito, sino también pura alegría. Entonces, en medio de uno de los peores momentos para Brasil en el Mundial de 2014, pensó que Dios volvía a darle su bendición. Le había concedido la oportunidad de recuperarse y volver a levantarse, y danzar con el balón por el césped practicando el juego que lo apasionaba.

Jugar a ese bello deporte. Llevar alegría y felicidad a los aficionados de todo el mundo.

Mantener vivo el sueño.

Y algún día llevar a casa, una vez más, el mayor trofeo de todos.

Distinciones de Neymar

Club

Santos

- Campeonato Paulista (3): 2010, 2011, 2012
- Copa do Brasil (1): 2010
- Copa Libertadores (1): 2011
- Recopa Sudamericana (1): 2012

Barcelona

- Supercopa de España: 2013-2014
- Liga de España: 2014-2015, 2015-2016
- Champions League: 2014-2015
- Supercopa de Europa: 2015-2016
- Mundial de Clubes: 2015-2016

Selección

Brasil

- Campeonato Sudamericano Sub-20 (1): 2011
- Superclásico de las Américas (2): 2011, 2012
- Medalla de plata en los Juegos Olímpicos (1): 2012
- Copa FIFA Confederaciones (1): 2013

Individual

- Mejor Jugador Joven del Campeonato Paulista (1): 2009
- Mejor Delantero del Campeonato Paulista (4): 2010, 2011, 2012, 2013
- Mejor Delantero del Campeonato Brasileiro Série A (3): 2010, 2011, 2012
- Mejor Jugador del Campeonato Paulista (4): 2010, 2011, 2012, 2013
- Mejor Jugador del Campeonato Sudamericano Sub-20 (1): 2011
- Mejor Jugador de la Copa Libertadores (1): 2011
- Mejor Jugador del Campeonato Brasileiro Série A (1): 2011
- Mejor Jugador de la Recopa Sudamericana (1): 2012
- Balón de Oro de las Copa FIFA Confederaciones (1): 2013
- Mejor Jugador Joven del Año (1): 2011

- Mejor Jugador del Campeonato Brasileiro Série A (3): 2010, 2011, 2012
- Mejor Jugador de la Copa Libertadores (1): 2012
- Premio Arthur Friedenreich (2): 2010, 2012
- Trofeo Armando Nogueira (2): 2011, 2012
- Balón de Oro (1): 2011 – Mejor Jugador de la Liga Brasileña según la revista *Placar*
- Balón de Plata (2): 2010, 2011 – Mejor Delantero de la Liga Brasileña según la revista *Placar*
- Balón de Plata *Hors Concours* (1): 2012
- Bota de Oro (2): 2010, 2011, 2012 – Máximo Goleador en el conjunto de todas las competiciones de Brasil
- Máximo Goleador en la Copa do Brasil (1): 2010
- Máximo Goleador en el Campeonato Sudamericano Sub-20 (1): 2011
- Balón de Bronce del Mundial de Clubes de la FIFA (1): 2011
- Mejor Jugador Sudamericano del Año (2): 2011, 2012
- Premio Puskas de la FIFA (1): 2011
- Máximo Goleador en el Campeonato Paulista (1): 2012
- Máximo Goleador en la Copa Libertadores (1): 2012
- Bota de Bronce de la Copa FIFA Confederaciones (1): 2013
- Incluido en el Once ideal de la Copa FIFA Confederaciones (1): 2013
- Bota de Bronce del Mundial de Clubes de la FIFA (1): 2014

Bibliografía

«Associação Atlética Portuguesa (Santos)», *Wikipedia Foundation.*

Portuguesa Santista, sin fecha. Web: 11 de julio de 2014.

Atkinson, Tre, «Neymar Facts You Might Not Know», *Bleacher Report.* 6 de junio de 2013. Web: 11 de julio de 2014.

«Biography.» *Neymar Jr Brazil and FC Barcelona 2014 RSS,* Neymarjr.net, sin fecha. Web: 11 de julio de 2014.

Borden, Sam. «A Soccer Prodigy, at Home in Brazil», *The New York Times.* 9 de julio de 2012. Web: 11 de julio de 2014.

Caioli, L. *Neymar: The Making of the World's Greatest New Number 10,* Icon, Londres, 2014.

«Capoeira», *Wikipedia,* Wikimedia Foundation, 7 de octubre de 2014. Web: 11 de julio de 2014.

Carnevalli, J. P. *Neymar: The Mohawk Striker and Other Stories.* Vol. 1. S3 Soccer and Samba, 2013.

Carnevalli, «Neymar Childhood: Childhood Scenes Neymar», *YouTube,* 24 de septiembre de 2013. Web: 11 de julio de 2014.

Costa, Nilton, «A Trajetória de Neymar até o Santos – Esporte Espetacular – 06-11-2011», *YouTube,* 6 de noviembre de 2011. Web: 11 de julio de 2014.

«Descobridor de Neymar e Robinho rejeita demissão e critica presidente do Santos», Brazilian Press, 12 de noviembre de 2013.

«A Documentary on Neymar Jr.», *Bellarte Futsal,* sin fecha. Web: 11 de julio de 2014.

Drehs, Wayne, «The Lasting Legacy of Brazil 2014», *World Cup Central Blog.* ESPN FC, sin fecha. Web: 11 de julio de 2014.

«Enquanto Neymar Disputa O Ouro, Ex-parças Lutam Na 4ª Divisão Paulista», Globoesporte.com. Santos and Region, 8 de octubre de. 2012. Web: 11 de julio de 2014.

ESPN, «Neymar». *ESPN FC,* sin fecha. Web: 11 de julio de 2014.

Fearon, Matthew, «Pele Warned Barca's 50M Samba Star Neymar to Ignore Chelsea and City and Go Play with Messi», Mailonline.com. 5 de junio de 2013. Web: 11 de julio de 2014.

«FOX Soccer Blog», *Real Madrid Rejected to Buy Neymar in 2006?* N. p., 6 de septiembre de 2013. Web: 11 de julio de 2014.

«Globo TV International – Neymar – The Heir to the Crown», *Globo TV Sports,* sin fecha. Web: 11 de julio de 2014.

«GREMETAL; Grêmio Recreativo dos Metalúrgicos de Santos – SP», *Gremetal,* sin fecha. Web: 11 de julio de 2014.

«I Can't Feel My Legs: Neymar Sparked Brazil Panic after World Cup Injury», *The Sydney Morning Herald.* N. p., sin fecha. Web: 11 de julio de 2014.

Kalliinho, «Neymar. The Story So Far. – ? || NEYMAR. The Story So Far • || 2013 HD ||

Klopman, Michael, «Neymar, Barcelona Agree to Five-Year Deal», TheHuffingtonPost.com, 26 de mayo de 2013. Web: 11 de julio de 2014.

Koza, Norman, «Golden Shoes Soccer Movie», Goldenshoesmovie.com, 21 de marzo de 2013. Web: 11 de julio de 2014.

«Luciano Batista.com», *Luciano* Batista.com. N. p., sin fecha. Web: 11 de julio de 2014.

«Globo Presents a Documentary About Neymar», (sin fecha): n. *Globo Presents: Globo TV Sports,* Web: 11 de marzo de 2013.

Matthias, B. S. «Neymar Is Ready for His Home Debut at the Camp Nou», www.unisportstore.com. Unisport, 2 de agosto de 2013. Web: 11 de julio de 2014.

«MINISTÉRIO PENIEL – Face a Face Com Deus», *MINISTÉRIO PENIEL – Face a Face Com Deus.* N. p., sin fecha. Web: 11 de julio de 2014.

Mohamedmvp, «Neymar Is the Next Big Thing», *The Roar.* N. p., 5 de julio de 2013. Web: 11 de julio de 2014.

«Neymar: All about the New 21 Years "messiah" of Barça!» Modernghana.com, 29 de mayo de 2013. Web: 11 de julio de 2014.

«Neymar», *Biography, Stats, Rating, Footballer's Profile,* Footballtop.com, sin fecha, Web: 11 de julio de 2014.

«Neymar – Steps to a Great Player (Full Documentary)», *YouTube.* 25 de junio de 2013. Web: 11 de julio de 2014.

«Neymar Biography», *Neymar.* Neymarbrazil.net, 2013. Web: 11 de julio de 2014.

«Neymar Commits to Joining Barça in July», MARCA.com *(versión inglesa). O Globo,* sin fecha. Web: 11 de julio de 2014.

«Neymar da Silva Santos Jr», Bio.com. A&E Television Networks, sin fecha. Web: 11 de julio de 2014.

«Neymar Jr. – Win FIFA Goal of the Year – 2011», *YouTube. Eurosport Live,* 9 de enero de 2012. Web: 11 de julio de 2014.

«Neymar na Portuguesa Santista», *YouTube,* sin fecha. Web: 11 de julio de 2014.

«Neymar Posts Heartfelt Message about His Father», Sambafoot.com, N. p., sin fecha. Web: 11 de julio de 2014.

«Neymar Voted South America's Best Player», *Football News.* NDTV Sports, 1 de enero de 2013. Web: 11 de julio de 2014.

«Neymar», *Wikipedia.* Wikimedia Foundation, 7 de noviembre de 2014. Web: 11 de julio de 2014.

«[Neymar's AMAZING GOAL] Neymar Jr – Winner The FIFA Puskas Award 2011 Best Goal», *YouTube.* 10 de enero de 2012. Web: 11 de julio de 2014.

«Paulo Henrique Ganso», *Wikipedia,* Wikimedia Foundation, 7 de octubre de 2014. Web: 11 de julio de 2014.

Ramos, Raphael, «Neymar, a Origem do Mito nas Quadras de Santos – Esportes – Estadão», Esportes.estadao.com. br. 13 de mayo de 2012. Web: 11 de julio de 2014.

Ravey, «The Trajectory of a Soccer Star – Neymar», *Soccer Talk.* 6 de noviembre de 2011. Web: 11 de julio de 2014.

Reporter, Sportsmail, «Brazilian Wonderkid Neymar Wins 2011 Goal of the Year at Ballon D'Or Gala», *Mail Online.* Associated Newspapers, sin fecha. Web: 11 de julio de 2014.

Reuters, «Neymar Living the Dream with Idol Messi at Barca – World – Sports – Ahram Online», Ahramonline, 1 de agosto de 2013. Web: 11 de julio de 2014.

«Rivais na Segunda Divisão Jabuca e Briosa jácontaram com Neymar», *Chico sabe tudo.* N. p., sin fecha. Web: 11 de julio de 2014.

«Santos FC História de Glórias»: *Neymar iniciou no Jabaquara e Portuguesa Santista.* N. p., 4 de junio de 2012. Web: 11 de julio de 2014.

«Sociedade Esportiva Palmeiras», *Wikipedia,* Wikimedia Foundation, 7 de diciembre de 2014. Web: 11 de julio de 2014.

«Tici Pinheiros Entrevista Neymar – Programa Da Tarde 26/02/2013», *YouTube.* Novo Canal Oficial, 26 de febrero de 2013. Web: 11 de julio de 2014.

«To Read Exclusive Fans Content You Must Sign In», *Neymar Jr.* FC Barcelona, sin fecha. Web: 11 de julio de 2014.

Wright, Chris, «Neymar Will Not Be Joining Chelsea Any Time Soon», Who Ate All the Pies RSS, 14 de diciembre de 2010. Web: 11 de julio de 2014.

AVALON

Libros de *fantasy* y *paranormal* para jóvenes con los que descubrir nuevos mundos y universos.

LATIDOS

Los libros de esta colección desprenden amor y romance. Ideales para los lectores más románticos.

LILIPUT

La colección para niños y niñas de 9 a 14 años, con historias llenas de aventuras para disfrutar de verdad de la lectura.

SERENDIPIA

Una serendipia es un hallazgo inesperado y esto es lo que son los libros de esta colección: pequeños tesoros en forma de historias contemporáneas para jóvenes.

SINGULAR

Libros *crossover* que cuentan historias que no entienden de edades y que puede disfrutar tanto un niño como un adulto.

¿Cuál es tu colección?

Encuentra tu libro Puck en:

www.mundopuck.com

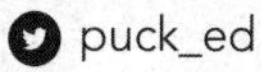